for engineers
Writing Techniques re-introductory course

엔지니어를 위한
문장의 기술

지은이 아시야 코타
옮긴이 이영희

エンジニアのための文章術再入門講座 新版
(Engineers notameno Bunshoujutu Sainyumon Kouza Shinpan : 6425-0)
Copyright© 2020 Kota Ashiya

Original Japanese edition published by SHOEISHA Co.,Ltd.
Korean translation rights arranged with SHOEISHA Co.,Ltd. through Botong Agency.
Korean translation copyright © 2021 by RoadBook.

이 책의 한국어판 저작권은 Botong Agency를 통한 저작권자와의 독점 계약으로 로드북이 소유합니다.
신 저작권법에 의하여 한국 내에서 보호를 받는 저작물이므로 무단전재와 무단복제를 금합니다.

엔지니어를 위한 문장의 기술

지은이 아시야 코타 **옮긴이** 이영희 **1판1쇄 발행일** 2021년 2월 15일
펴낸이 임성춘 **펴낸곳** 로드북 **편집** 조서희 **디자인** 이호용(표지), 심용희(본문)
주소 서울시 동작구 동작대로 11길 96-5 401호
출판 등록 제 25100-2017-000015호(2011년 3월 22일)
전화 02)874-7883 **팩스** 02)6280-6901
정가 16,000원 **ISBN** 978-89-97924-81-3 93000

책 내용에 대한 의견이나 문의는 출판사 이메일이나 블로그로 연락해 주십시오.
잘못 만들어진 책은 서점에서 교환해 드립니다.

이메일 chief@roadbook.co.kr **블로그** www.roadbook.co.kr

지은이의 말

보고서, 의뢰 · 통지서, 제안서, 기획서 등 다양한 형태의 비즈니스 문서 · 문장은 어떻게 작성하는 것이 좋을까요? IT 비즈니스 기술을 교육하다 보면 전국의 엔지니어들로부터 이러한 질문을 상당히 많이 받습니다. 게다가 엔지니어를 위한 웹사이트에 연재한 기사 중에서 비즈니스 문서 · 문장을 주제로 한 내용의 액세스 건수가 제일 많은 것만 보더라도 '문서 · 문장 작성법'이 엔지니어의 큰 관심사라는 것을 알 수 있습니다.

많은 엔지니어들이 비즈니스 문서 · 문장 작성법에 관심이 있는 이유가 무엇일까요? 그것은 엔지니어 대부분이 비즈니스 문서 · 문장을 어떻게 써야 할지 잘 모르기 때문입니다. 여기에는 두 가지의 원인이 있습니다.

첫 번째는 기초 지식을 가르쳐 준 곳이 없었다는 것입니다. 학교에서는 비즈니스 문서 · 문장 작성법을 배울 기회가 없었고, 사회인이 되고 나서는 상사 혹은 선배의 지도나 자율 학습에 의존할 수밖에 없었을 것입니다. 이러한 임기응변적인 학습으로는 문서 · 문장 작성 능력을 그다지 향상시킬 수 없습니다.

두 번째는 설계서 및 매뉴얼 작성에 익숙해져 그것이 습관이 되었기 때문입니다. 엔지니어는 일을 시작하면 먼저 프로그램 명세서 및 요구사항 정의서, 설계서 등을 작성합니다. 이러한 문서는 모든 경우를 명확하게 망라해야 하고, 하나하나 상세하고 구체적으로 서술해야 하기 때문에 비즈니스 문서라고 할 수는 없습니다.

그래서 엔지니어가 원활한 업무 진행을 위해 문서 · 문장을 능숙하게 작성할 수 있도록 최소한의 필요한 지식, 노하우, 요령을 정리하여 소개했습니다. 이 책을 통해 엔지니어 여러분이 비즈니스 문서 · 문장을 간단 명료하게 쓸 수 있게 된다면 저자로서 더 이상의 기쁨은 없을 것입니다.

아시야 코타(芦屋 広太)

옮긴이의 말

사실, 문서 작성법에 대한 좋은 책들이 정말 많습니다. 막상 이 책을 번역해달라는 제의를 받았을 때 '독자들에게 도움이 될까? 너무 식상하지 않을까?' 조금은 번역을 망설였습니다. 그러나 이 책의 매력을 곧 느낄 수 있었습니다. 팀원들이 가져온 보고서 혹은 메일, 각종 기안문을 볼 때면 늘 반복해서 지적했던 점들이 '7가지 기술'로 잘 요약돼 있었기 때문입니다.

① 논점을 명확하게 쓰기, ② 납득할 수 있게 쓰기, ③ 한 눈에 파악되게 쓰기, ④ 이해하기 쉽게 쓰기, ⑤ 생략 없이 정확하게 쓰기, ⑥ 단문으로 쓰기, ⑦ 감정에 호소해서 쓰기, 기초 기술인 7가지를 머리에 잘 새겨 두고 문장 및 문서를 작성할 수 있게 된다면 원활한 커뮤니케이션을 할 수 있으리라 생각합니다.

요즘에는 초등학교 시기부터 논술 공부를 시작하고 있고 대입 및 입사 시험 등 논술/에세이 혹은 프레젠이션 등을 경험할 일이 많아 어느 정도는 논리적인 문장 작성 능력은 갖췄다고 봤습니다. 책에서 설명하는 내용은 다소 기본적인 것들이라 여겼지만 막상 실무에서 팀원들의 간단한 보고서나 메일 등을 접할 때면 위의 7가지 기술이 빠진 부분이 많음을 깨닫게 됩니다. 납득이 안 되어 몇 번이고 작성자에게 물어야 한다거나 내용의 논점을 파악하기가 힘들어 따로 만나 설명을 듣기도 합니다. 어찌 보면 이론으로는 알고 있지만 생각보다 많이 연습이 안 되어 있는 것일지도 모릅니다. 이 책의 실천편에 나온 예시는 단순하지만 주제에 맞게 문장술을 연습시키기 위한 저자의 의도가 숨어 있습니다. 습관이 될 때까지 반복해서 읽고 따라 해 보면 많은 도움이 될 것입니다.

코로나19 전염병의 확산으로 재택근무가 시작되었고 이와 함께 '언택트(Untact)'라는 신조어가 생겨났습니다. 비접촉, 비대면 사회로 문화가 점차 변화되고 있음을 느낍니다. 이는 앞으로 온라인상에서 많은 일들을 해야 한다는 의미이기도 합니다. 온라인에서의 커뮤니케이션을 위해 화상, 음성 기술도 발달하고 있지만, 자신의 의견과 제안을 더 일목요연하게 문장으로 표현하는 것 또한 무엇보다 중요시되어야 할 사항이라고 생각합니다. 비대면 속에서의 언어, 즉 문장은 커뮤니케이션의 큰 역할을 하기 때문입니다. 비즈니스의 기본인 커뮤니케이션 능력을 향상시키기 위해서라도 그 기본이 되는 문장술을 잘 익히는 것이 자신의 발전을 위해 한걸음 더 나아갈 수 있는 계기가 되지 않을까 싶습니다.

이 책은 평소 자신의 의견이나 제안이 제대로 문서로 전달되지 않는다고 생각되는 사람뿐만 아니라 신입 초년생들의 입문서로도 좋습니다. 또한 문장술을 체계적으로 배우지 못했던 리더들에게도 유익합니다. 부담 없이 읽어 보고 문장을 작성할 때 반드시 적용해 보기를 권합니다. 어느 순간 스스로 뿌듯함을 느낄 수 있을 것입니다.

이영희

이 책의 구성

    이 책은 엔지니어를 위한 비즈니스의 다양한 상황에서 쓸 수 있는 문장 작성 기술을 소개합니다. 비즈니스 상황별로 작성해야 할 문서를 작성 기술 7가지 안에서 사례로 자세히 설명했습니다. 책에 실린 메일 내용 및 문서는 업무에 바로 활용할 수 있는 문장들이므로 상황에 맞게 골라 유연하게 조합해 쓰기 바랍니다. 각 장은 다음과 같이 나눴습니다.

[1장] 엔지니어가 작성하는 문장의 문제점과 문장 표현력
[2장] [문장 작성 기술] 문장 표현력의 기초가 되는 문장 작성 7가지 기술
[3장] [기본 기술 문서] 엔지니어의 기본적인 사내 기술 문서 작성법
[4장] [고객 및 협력사 관련 문서] 고객이나 사외 인원에게 보내는 문서 작성법
[5장] [기획 검토 및 제안] 아이디어나 기획을 검토하고 제안하는 문서 작성법
[6장] [사내 커뮤니케이션] 상대방을 배려한 사내 커뮤니케이션

페이지 구성

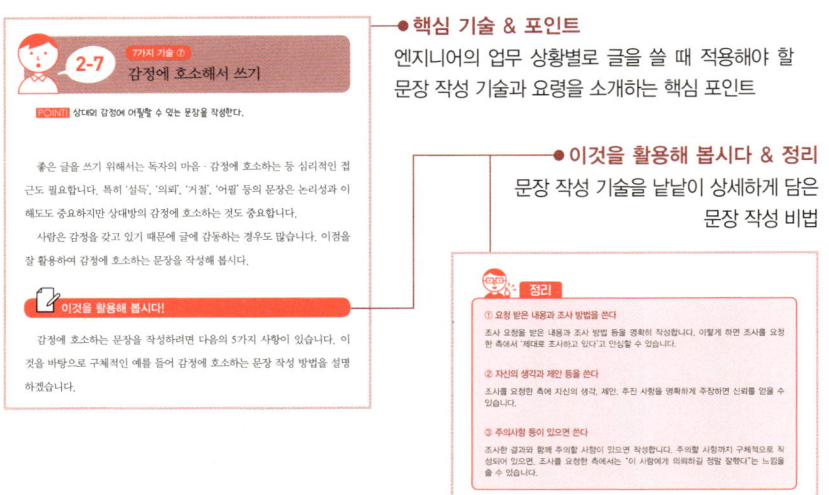

● **핵심 기술 & 포인트**
엔지니어의 업무 상황별로 글을 쓸 때 적용해야 할 문장 작성 기술과 요령을 소개하는 핵심 포인트

● **이것을 활용해 봅시다 & 정리**
문장 작성 기술을 낱낱이 상세하게 담은 문장 작성 비법

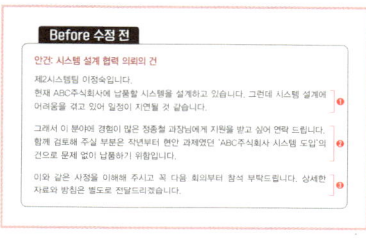
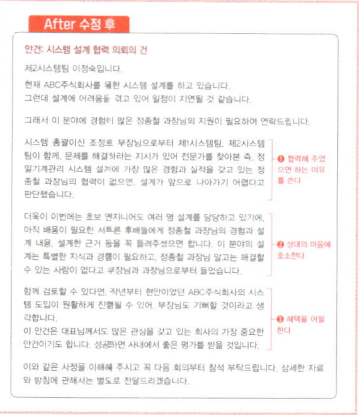

● 비포 & 애프터
엔지니어의 상황 속에서 문장에 꼭 들어가야 하는 세부 항목을 포함시켜 핵심 포인트를 살려 수정 전후를 볼 수 있는 현장감이 상세히 살아 있는 비포 & 애프터

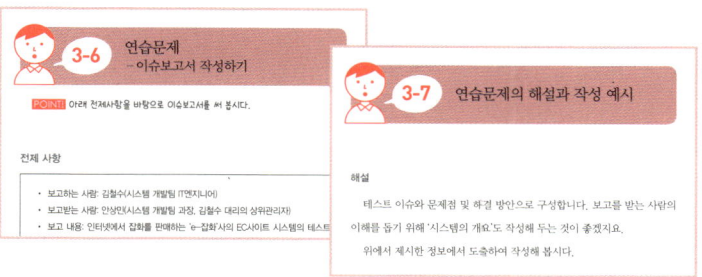

● 연습문제 & 해설
전제 조건을 기반으로 문제가 요구하는 상황에 맞는 글 쓰기를 연습하고 확인할 수 있는 해설 및 작성 예시

차례

지은이의 말 ... 3
옮긴이의 말 ... 4
이 책의 구성 ... 6

 기초편

제1장 엔지니어가 작성하는 문장의 문제점과 문장 표현력

1-1 비즈니스를 위한 문장 작성에 필요한 지식 ... 18
　엔지니어가 작성하는 문장의 문제점 ... 20
　피해야 할 문장 ... 21

1-2 문장의 기본은 문장을 읽을 대상과 목적을 파악하는 것 ... 25
　'설득'할 때 필요한 문장의 기술 ... 26
　기획제안서의 설득력 ... 28
　설득력 있는 기획제안서 작성하기 ... 36

1-3 문장 표현력의 기초 작성 기술 ... 36
　7가지 기술을 이용한 문장의 예시 ... 40

제2장 문장 표현력의 기초 작성 기술을 활용한다

2-1 7가지 기술 ① 논점을 명확하게 쓰기 ... 48
　① 전달하고 싶은 내용을 요약한다 ... 49
　② 전달하고 싶은 논점은 맨 앞에 쓴다 ... 49
　③ 논점과 보충 정보를 분리한다 ... 49

④ 관계없는 내용은 쓰지 않는다 ... 49

　　　연습문제 ... 52

　　　검토 방법과 해답 예시 ... 53

2-2 `7가지 기술 ②` 납득할 수 있게 쓰기 ... 54

　　　① 맨 앞에 주장과 주장한 이유를 쓴다 ... 55

　　　② 이유는 납득할 수 있게 쓴다 ... 59

　　　③ 이유는 사실에 근거하고 수치 등을 사용하여 객관적으로 쓴다 ... 59

　　　④ 사실과 의견을 분리한다 ... 61

　　　⑤ 수동적인 표현과 복잡한 표현을 사용하지 않는다 ... 61

　　　연습문제 ... 64

　　　검토 방법과 해답 예시 ... 64

2-3 `7가지 기술 ③` 한눈에 파악되게 쓰기 ... 66

　　　① 문장의 성격과 그룹을 도출한다 ... 67

　　　② 결론과 그 이유를 맨 앞에 쓴다 ... 70

　　　③ 개요와 상세는 분리한다 ... 70

　　　④ 소, 중, 대 항목의 계층을 설정한다 ... 70

　　　⑤ 너무 상세한 내용은 본문에 쓰지 않고 별첨에 쓴다 ... 71

　　　연습문제 ... 72

　　　검토 방법과 해답 예시 ... 73

2-4 `7가지 기술 ④` 이해하기 쉽게 쓰기 ... 75

　　　① 한마디로 요약한다 ... 76

　　　② 어려운 단어를 바꾼다 ... 77

　　　③ 용어를 정의한다 ... 78

　　　④ 각주나 괄호를 사용한다 ... 79

⑤ 구체적인 예시를 열거한다 ... 79

연습문제 ... 80

검토 방법과 해답 예시 ... 81

2-5 7가지 기술 ⑤ 생략 없이 정확하게 쓰기 ... 83

① 생략하지 않는다 ... 84

② 주어나 주체를 명확히 쓴다 ... 87

③ 무의미한 정보나 불명확한 정보를 기재하지 않는다 ... 88

④ 애매한 내용을 쓰지 않는다 ... 89

⑤ 미결, 기결, 액션 플랜을 명확히 한다 ... 90

연습문제 ... 92

검토 방법과 해답 예시 ... 92

2-6 7가지 기술 ⑥ 단문으로 쓰기 ... 94

① 조사, 형용사, 수식어 등을 배제한다 ... 95

② 기호화한다 ... 96

③ 각주로 처리하고 본문에서 제외한다 ... 98

④ 수동 표현을 능동 표현으로 바꾼다 ... 98

⑤ 그림이나 표로 치환한다 ... 99

연습문제 ... 100

검토 방법과 해답 예시 ... 100

2-7 7가지 기술 ⑦ 감정에 호소해서 쓰기 ... 102

① 감정을 자극하는 칭찬을 한다 ... 103

② 의욕을 보인다 ... 104

③ 비판, 반론을 먼저 스스로 언급한다 ... 105

④ 선택 효과를 사용한다 ... 107

⑤ 대비 효과를 사용한다 ... 109

연습문제 ... 110

검토 방법과 해답 예시 ... 110

제3장 사내의 기본적인 커뮤니케이션

3-1 조사 결과를 보고한다 – 조사 결과 보고 ... 114

① 요청 받은 내용과 조사 방법 ... 115

② 자신의 생각, 제안 ... 116

③ 주의 사항 ... 116

3-2 결함 현황을 보고한다 – 결함 보고 ... 119

① 결함의 상황과 경향을 분석한다 ... 120

② 결함이 발생한 원인은 객관적으로 쓴다 ... 121

③ 재발 방지 대책은 구체적으로 쓴다 ... 121

3-3 진척 지연을 보고한다 – 진척 보고 ... 124

① '어느 정도 늦어질 것인가' 지연 규모 ... 125

② '왜 늦어진 것인가' 지연 원인 ... 126

③ '지연을 회복시킬 수 있는가' 지연 대책 ... 126

3-4 회의 개최를 통지한다 – 회의 개최 통지 ... 129

① 회의의 기본적인 사항 ... 131

② 회의의 목적, 주제 · 안건 ... 131

③ 회의의 사전 준비 작업 ... 132

3-5 회의 결과를 보고한다 - 회의록 ... 135

  ① 회의 안건, 참석자 등의 기본 정보 ... 137

  ② 기결사항과 누가 담당할 것인가 ... 137

  ③ 미결사항과 언제까지 결정할 것인가 ... 138

3-6 연습문제 - 이슈보고서 작성하기 ... 141

3-7 연습문제의 해설과 작성 예시 ... 143

  ① 시스템 특징과 개요 ... 143

  ② 테스트 이슈 ... 143

  ③ 테스트의 문제점 및 해결 방안 ... 144

제4장 고객이나 사외 인원과 문서 주고 받기

4-1 고객을 인터뷰한다 - 인터뷰 의뢰 ... 148

  ① 물어보고 싶은 내용을 세분화한다 ... 150

  ② 대답하기 쉽게 예시를 작성한다 ... 150

  ③ 애로사항을 물어본다 ... 150

4-2 시스템 도입을 위한 정보나 제안을 의뢰한다 - 정보제공의뢰, 제안의뢰 ... 153

  ① 요건, 요구사항 ... 155

  ② 마감일 ... 155

  ③ 경쟁 정보 ... 156

4-3 고객과 해결 방안을 논의한다 - 디자인씽킹 실시 의뢰 ... 159

  ① 검토 방법 및 절차 ... 161

  ② 진행방식의 이점·혜택 ... 161

  ③ 참석자의 조건 ... 162

4-4 고객의 결정을 유도한다 – 협상 메일·문서 ... 164

　① 조건이 맞지 않는 부분 ... 166

　② 남아 있는 과제 ... 166

　③ 다음 단계 ... 167

4-5 고객의 의뢰를 거절한다 – 의뢰 거절 메일·문서 ... 169

　① 고객의 '노력이 필요하거나 귀찮아질 작업'이 될 만한 이유 ... 171

　② 고객사에 오히려 해가 될 만한 대의 명분 ... 172

　③ 고객이 직접 판단하도록 유도 ... 172

4-6 연습문제 – 제안의뢰서 작성하기 ... 174

4-7 연습문제의 해설과 작성 예시 ... 176

　① 대상 시스템의 개요, 개발 기간 등의 기초 정보 ... 176

　② 기능 요건 ... 176

　③ 비기능 요건 ... 177

　④ 향후 예정 ... 177

　⑤ 기타, 제안 의뢰처에 전달할 것 ... 177

제5장 아이디어나 기획을 검토하고 제안한다

5-1 기획에 필요한 정보를 사외로부터 수집한다 – 정보제공의뢰 메일·문서 ... 182

　① 정보를 수집할 수 있는 협력 관계 구축 ... 183

　② 정보제공업체에 부여되는 혜택 ... 184

　③ 정보원의 의지와 전문 분야 파악 ... 184

5-2 업무 개선 기획을 검토한다 – 업무 개선 기획 … 187

　① 타사 사례 및 전문가 등의 의견 … 188

　② 실증 실험의 결과 … 189

　③ 이해관계자의 목소리 · 의견 … 189

5-3 상사를 설득시킨다 – 설득 메일 · 문서 … 192

　① 상사가 반대할 만한 논점을 명확히 한다 … 194

　② 구체적인 대책을 쓴다 … 194

　③ 열의를 보인다 … 195

5-4 새로운 비즈니스를 기획한다 – 신규 비즈니스 기획 … 197

　① 비즈니스 아이디어 … 199

　② 차별화 포인트 … 199

　③ 사업성을 판단할 수 있는 근거 자료 … 200

　④ 사업 개시의 장애물(준비 정도) … 200

5-5 브레인스토밍, 아이디어를 함께 도출한다 – 슬랙 등의 채팅 스타일 … 203

　① 기본 규칙 … 205

　② 계기 혹은 실마리가 될 만한 기사, 의견 … 205

　③ 다른 사람으로부터 나온 의견이나 아이디어에는 빠르게 반응 … 206

5-6 연습문제 – 신규 비즈니스 기획서 작성하기 … 209

5-7 연습문제의 해설과 작성 예시 … 211

　① 기획의 개요 … 211

　② 차별화 포인트 … 211

　③ 사업성 판단 근거 … 211

　④ 사업 개시의 용이성 … 212

제6장 상대방을 배려한 사내 커뮤니케이션

6-1 다른 부문의 사람에게 의뢰한다 – 업무협력의뢰 메일·문서 … 216

① 협력하고 싶은 이유 … 217

② 상대의 마음에 호소하는 단어 … 218

③ 협력했을 때의 혜택 또는 협력하지 않았을 때의 불리한 점 … 218

6-2 후배나 부하를 칭찬해서 의욕을 불어 넣어 준다 – 코칭 메일·문서 … 221

① 구체적인 칭찬 내용 … 222

② 왜 좋았는지, 칭찬하는 이유 … 223

③ 기대하는 말 … 223

6-3 감사의 마음을 전달한다 – 감사 메일·문서 … 225

① 감사의 마음(정중하게 쓴다) … 226

② 도움이 된 내용(구체적으로 쓴다) … 226

③ '다시 협력하고 싶다'고 생각되는 표현 … 227

6-4 업무를 지시한다 – 업무지시서 … 229

① 업무의 목적이나 배경 … 230

② 구체적인 지시 … 230

③ 완료일과 이후의 절차 … 230

6-5 같은 목적과 생각이 있는 동료를 만든다 – 협업권유 메일·문서 … 233

① 무엇을 하고 싶은가에 관한 목적·취지 … 234

② 동료에게 부여되는 혜택 … 235

③ 부담 정도 … 235

6-6 연습문제 – 업무지시서 작성하기 ... 238

6-7 연습문제의 해설과 작성 예시 ... 240

　　① 업무 지시의 배경과 목적 ... 240

　　② 업무의 방침과 방향성 ... 240

　　③ 완성일과 그 이후의 업무 절차 ... 241

맺음말 ... 243

찾아보기 ... 244

제1장

엔지니어가 작성하는 문장의 문제점과 문장 표현력

1-1 비즈니스를 위한 문장 작성에 필요한 지식
1-2 문장의 기본은 문장을 읽을 대상과 목적을 파악하는 것
1-3 문장 표현력의 기초 작성 기술

1장에서는 개발할 때 중요한 커뮤니케이션 도구의 하나인 문장의 바람직한 형식과 좋은 문장을 쓰기 위한 방법을 설명합니다. 좋은 문장이란 무엇이며 알기 쉽게 전달하기 위한 문장을 작성하려면 어떻게 해야 하는지 필자의 경험을 토대로 살펴보겠습니다.

1-1 비즈니스를 위한 문장 작성에 필요한 지식

요즘 인공지능(AI)과 데이터 분석, 디지털 트랜스포메이션(DX) 기술로 비즈니스 모델을 근본부터 변화시키는 사례가 전 세계적으로 확산 중입니다. 비즈니스 환경은 전례 없는 속도로 변하고 있으며 ICT · 디지털 기술은 점점 고도화하고 있습니다. 흐름에 따라, 시스템 개발 또한 기존의 워터폴 방식(폭포수처럼 위에서 아래로 내려오는 일 처리 방식)에서 애자일 방식으로 바뀌고 있으며, 조직 또한 많은 전문 인력의 분업화로 복잡해지고 있습니다. IT 엔지니어는 다양한 조직의 멤버들과 더 빈번하고 확실한 커뮤니케이션이 필요한 시대입니다. 그 어느 때보다 IT 엔지니어에게 '커뮤니케이션 역량'이 필수라는 인식이 높아졌습니다.

커뮤니케이션에 사용하는 도구도 종이에서 메일, 채팅, 토크 앱을 사용한 '전자 매체'가 대신하고 있습니다. 그러나 어떠한 매체이든 본질은 다른 사람에게 무엇인가를 전달하기 위해 작성하는 '문장'입니다.

이 책은 비즈니스 스킬 중에서도 특히, 중요하면서도 알아야 할 '문장 작성'을 주제로 삼았습니다. 어렵기만 한 상위관리자나 고객과 소통하기 위한 각종 '문장'을 작성하는 구체적인 기술을 소개합니다.

본론으로 들어가기 전에 제 소개를 잠깐 하겠습니다. 저는 비즈니스 스킬을 지도하는 IT 교육 컨설턴트 겸 코치로 활동하고 있습니다.

주로 '매니지먼트', '커뮤니케이션', '사고력', '도큐먼트', '팀 빌딩' 등의 일을 하고 있습니다. 이 일에 필요한 스킬을 연구해 잡지와 서적에 발표하고 있습니다. 동시에 기업에서 시스템 부문의 부장으로 매일 팀 구성원과 함께 시스템 기획, 디지털 사업 계획, 프로젝트 관리 등의 업무도 수행하고 있습니다.

'비즈니스 스킬을 연구하고 교육하는 입장'과 '비즈니스 스킬을 실무에 실천하는 입장', 두 가지 입장을 모두 담당하고 있습니다. 20년 이상 일을 하고 있는데 양쪽의 입장을 모두 알고 있다 보니 각각의 입장에서 일을 할 때 많은 도움이 됩니다.

'비즈니스 스킬을 연구하고 교육하는 입장'에서 보면 실무에 적용해 볼 수 있다는 장점이 있고, 반대로 '실무를 하는 입장'에서 보면 실무 경험을 토대로 비즈니스 스킬을 연구하고 교육할 수 있다는 장점이 있어, 양쪽 모두 시너지 효과를 내고 있습니다.

이 책에서는 비즈니스적인 관점에서 작성해야 할 문장에는 어떠한 요소들이 필요하고, 그 요소들을 어떻게 문장에 적용하는지를 구체적인 사례를 들어 소개하고자 합니다.

엔지니어가 작성하는 문장의 문제점

저는 주로 회사에서 시스템 부문의 업무를 진행하며 팀원들의 문장을 체크하고 있습니다. 또한 IT 교육 컨설턴트로서 비즈니스를 위한 문서 작성법을 가르치고 있으며, 국가 시험 과목 중의 하나인 논술 시험을 대비해 첨삭 지도를 하고 있습니다. 이렇게 교육 혹은 코칭의 입장에서 상당히 많은 글을 접하다 보니 '어떤 문장이 문제인지'를 되짚어보고 정리할 수 있었습니다.

좋은 문장이란 말이 안 되는 문장을 쓰지 않는 것

이 책에서 소개하는 스킬은 '좋은 문장 쓰기'입니다. 좋은 문장을 쓰는 요령은 '말이 안 되는 문장을 쓰지 않는' 것입니다. 여러 사람으로부터 "좋은 문장을 쓰는 요령이 무엇입니까?"라는 질문을 받습니다. 그럴 때마다 저는 항상 '말이 안 되는 문장을 쓰지 않는 것'이라고 대답합니다.

'좋은 문장'이라고 느끼는 것은 어디까지나 개인마다 해석하는 방법이나 사고 방식에 의존하는 부분이 많아 매우 주관적입니다. 그러나 적어도 읽을 때 '무슨 말이람?'이라고 생각하지 않으면 비즈니스적으로 일단 충분한 문장입니다.

어떠한 상급자라도 '훌륭한데?'라고 느끼는 문장을 쓸 수 있게 되기까지는 상당한 훈련이 필요하고 시간이 걸립니다. 이 책에서는 '누가 봐도 이해가 되지 않는 문장을 쓰지 않는 것 = 좋은 문장을 쓸 수 있다'라고 정의하고 문장 작성법을 소개하겠습니다.

피해야 할 문장

저는 정보처리기술사 시험에서 논술 과목을 첨삭 지도하고 있습니다. 지금까지 2,000여 개 정도의 논술을 접했습니다. 그 중 A등급(합격 수준)이 어느 정도라고 생각하십니까?

약 5% 즉, 100개 중 5개 정도입니다. 그래서 논술 시험의 합격 기준이 좋은 문장을 쓰려는 사람들에게 많은 도움이 될 수 있다고 생각해, 첨삭할 때 무엇을 평가하고 있는지를 설명하겠습니다.

정보처리기술사 시험의 논술 시험은 1,000자 정도 되는 출제 문제를 읽고 주제에 맞게 자신의 생각을 실무 경험에 비추어 논리적으로 서술하는 시험입니다. 출제 문제의 문장을 잘 읽어 보면 그다지 나쁜 평가가 나오지 않도록 배려하고 있습니다.

그럼에도 불구하고 100명 중 약 95명이 불합격하는데 원인 중의 하나가 대부분 '상대방을 이해시키려는 배려'가 부족하기 때문입니다. 약 95%의 논술에서 그림 1.1과 같이 코멘트하고 있습니다.

그림 1.1 '상대방을 이해시키려는 배려'가 없는 논술의 지적 사항

- 어떤 의미입니까? 설명이 부족합니다.
- 사내에서 사용하는 용어가 아닌 일반적인 용어로 기재해 주세요.
- 장점을 명확하게 설명해 주세요.
- 이유가 불명확하고 설득력이 없습니다.
- 1개의 문장이 접속사로 너무 많이 연결되어 있으며 문장이 길어서 의미를 이해하기 어렵습니다.

- 무엇을 말하고 싶은지 모르겠습니다.
- 이유를 명확하게 기재해 주세요.
- 알기 쉽게 설명해 주세요.
- 주장하는 바가 추상적이고 설득력이 결여되어 있습니다.
- 좀 더 구체적으로 설명해 주세요.
- 목적이 무엇인지 모르겠습니다.
- 용어의 정의, 단어의 의미를 제일 먼저 설명해 주세요.
- 전체적으로 설명이 부족합니다.
- 그것은 왜입니까? 어떤 이유 때문입니까?
- 기재된 내용이 잘 이해되지 않습니다.
- 다르게 표현해 주세요.
- 이 단락은 이해하기 어렵고 설득력이 없습니다.

논술 시험에 합격하려면 알기 쉽게, 상대방(채점자)을 이해시키기 위한 문장을 써야 합니다. 그러나 사실 많은 사람들이 자신의 관점에서 글을 쓰고 있으며, 상대방의 관점에서 글을 쓰는 사람은 매우 적습니다.

비즈니스 문장도 상대를 배려해서 작성해야 한다.

이런 일은 업무 현장에서도 종종 있습니다. 계속해서 실무적인 예시를 들어 보겠습니다.

다음 두 가지는 회사에서 팀원의 문장을 점검할 때 자주 하는 말입니다.

① "부장은 이렇게 상세한 것까지 신경 쓸 여유가 없다"

> 〈상대방의 관심과 일치하지 않는다〉
> 시스템 개발 프로젝트의 부장으로 있을 때 진척 보고 등을 체크하면서 나도 모르게 나온 말입니다.
> 일반적으로 부장급 관리자라면 '상세 스펙'과 '테스트의 상세 계획' 등의 세부 사항보다도 '예산이 초과되고 있지 않은지', '고객과의 관계가 좋은지', '이번 개발로 팀원의 노하우는 어느 정도 축적할 수 있는지' 등, 보다 큰 시점에서 체크해야 할 사항이 많아 관심사가 다릅니다. 따라서 '부장급에서 관심을 갖는 포인트'에 중점을 두고 문장을 작성해야 합니다.

② "설명할 상대가 시스템을 모르는 영업부문의 과장이라면 애자일이나 리그레션 테스트의 의미를 모른다"

> 〈'지식의 차이'가 있기 때문에 전달되지 않는다〉
> 다른 부문의 담당자나 관리자에게 이슈나 진척 등을 보고할 때 하는 말입니다.
> 우리는 자신이 알고 있는 전문 용어나 소속된 업무 부문의 용어를 다른 부문의 담당자나 관리자에게 무심코 사용하는 경향이 있습니다. 보통 자신이 알고 있는 것은 상대방도 당연히 알고 있다고 생각합니다. 그래서 설명해야 하는 내용(가령, 용어 설명)을 생략할 때가 많은데, 이것이야 말로 이해하기 어려운 문장을 쓰는 원인이 됩니다.
> 상대가 이해하기 쉬운 단어를 사용하여 문장을 작성해야 합니다.

논술 시험이나 실무, 두 가지 모두 본질은 같습니다. 요점은 상대방의 관점에서 생각하지 않는 것이 문제입니다. 좋은 문장을 쓰려면, 작성자의 관점이 아니라 독자의 관점에서 작성해야 합니다. 즉, 상대의 관심 사항에 초점을 맞춰서 써야 한다는 의미입니다. 논술 시험이라면 시험이라는 '목적'에 초점을 두고 상대(채점자)에게 전달할 수 있어야 하며, 비즈니스 문서라면 문서의 목적이나 상대의 관심 사항에 초점을 두고 내용을 생각해야만, 좋은 문장을 쓸 수 있습니다.

비즈니스의 문장(문서)에는 기획서, 절차서, 조사 보고서, 제안서, 회의록, 프로그램 명세서 등, 종류가 다양합니다. 각 문서의 목적을 이해하고 목적을 달성할 수 있도록 작성해야 합니다.

1-2 문장의 기본은 문장을 읽을 대상과 목적을 파악하는 것

비즈니스 문장을 작성할 때 가장 중요한 것은 '어떤 목적'으로, '누구를 위해' 작성할 것인지를 생각하는 것입니다. 문장의 목적은 크게 보면 다음과 같습니다.

- 정보를 수집한다
- 설명한다, 보고한다
- 토론한다, 결정한다
- 설득한다, 권유한다, 거절한다

목적이 다르면 필요한 문장의 요소도 달라집니다. 문장을 작성할 때는 목적에 따라 어떤 내용이 필요한지에 관점을 두어야 합니다.

그러나 목적만으로는 충분하지 않습니다. 똑같이 '설득'을 하는 문장이라도 ① '동료나 부하 직원'을 설득할 때와 ② '고객 혹은 회사의 상사나 경영층'을 설득할 때의 설득 방식은 모두 다르기 때문입니다.

일반적으로 ①보다는 ②가 난이도도 높고 어렵습니다. 상대에 따른 설득 방법을 익혀 두는 것이 좋습니다.

'설득'할 때 필요한 문장의 기술

직장에서는 '설득력'을 항상 염두에 두고 문장을 작성합니다. '설득력'에 대한 이해를 돕기 위해 팀원에게 자주하는 질문이 있습니다. 질문 몇 가지를 소개하겠습니다.

> **Q1** 말하고자 하는 주장에 이유가 '없는 것'과 '있는 것' 중, 어느 쪽이 설득력이 있을까요?
>
> **답변** 이유가 있는 것.
> 왜냐하면 "아하, 그렇구나!"라고 의문이 해소되고 확실해질 수 있으니까. 이유를 써 놓지 않으면 "왜 그렇지?"라고 되묻게 된다.

> **Q2** 말하고자 하는 주장이 '중간에 바뀌는 문서'와 '처음부터 끝까지 일관성이 있는 문서' 중, 어느 것이 설득력이 있을까요?
>
> **답변** 처음부터 끝까지 일관성이 있는 문서.
> 처음부터 끝까지 일관성이 없으면 고민을 하나도 하지 않고 작성한 문서라고 생각하게 된다. 더욱이 말하고 있는 주장이 부정확하고 모순이 있으면 "대충대충 일하는 사람이구나, 믿을 수가 없네."라며, 작성한 문서의 내용 자체를 의심하게 된다.

> **Q3** 수치와 같은 객관적인 근거가 '있는 것'과 '없는 것' 중 어느 쪽에 설득력이 있을까요?
>
> **답변** 수치와 같은 객관적인 근거가 있는 것.
> 가령, "신상품은 첫째 날에 꽤 많이 팔릴 가능성이 있다. 왜냐하면 새로운 기능이 매력적이기 때문이다."라고 하는 주장보다는 "신상품은 첫째 날 100개 정도 팔릴 가능성이 있다. 왜냐하면 가게에 하루에 1,000명 정도 손님이 오는데, 설문 조사를 해 본 결과 이번 신상품을 사고 싶다는 손님이 약 300명 정도 되기 때문에 적어도 100개 정도는 팔릴 가능성이 있다."고 하는 주장이 더 설득력이 있다.

설득력이 있는 문장의 요소로는 아래 3가지를 들 수 있습니다.

- 이유
- 일관성
- (수치) 근거

팀원에게 설득력 있는 문장요소가 무엇이냐고 질문을 하면 아마도 이러한 요소들이 필요하다고 대답은 잘 할 것입니다. 그러나 막상 문장을 만들어 오라고 하면 위에서 말한 3가지의 설득력 요소가 없는, 설득력이 부족한 문장을 작성해 오는 경우가 거의 대부분일 것입니다. 필요한 요소가 무엇인지 알고는 있지만, 알고 있다고 처음부터 능숙하게 글이 써지지는 않습니다. 이것이 문장을 작성할 때의 어려움이기도 합니다.

기획제안서의 설득력

기획제안서를 사례로 들어 설득력 있는 문장을 작성하는 방법을 살펴보겠습니다.

'제안서'는 일반적으로 '새로운 무엇인가를 다른 사람에게 설명하고 승인해 달라'는 문서이기 때문에 설득력이 필요합니다. 팀원이 작성한 문장을 기반으로 수정해야 할 부분이 무엇인지 알아봅니다.

Before 수정 전

품질보증팀 발족에 대해

개발팀 김현수 과장

1. 배경

시스템의 개발 및 유지보수가 발생하면, 테스트 케이스를 검토하고 타사 사례나 업계 연구를 통해 당사 시스템의 품질을 확보하기 위한 특별팀의 발족이 필요함. ❶

2. 활동 내용

   1) 요건 정의에 대한 품질보증

      사용자 입장에서 누락된 요건이 없는지, 회의를 개최하여 확인하는 활동 등

   2) 테스트에 관한 품질보증

      테스트 케이스를 도출하고, 시스템의 과거 장애(이슈)를 활용하여 최적의 테스트 케이스를 작성하는 활동 등

3. 효과

개발팀과 별도로 팀을 구성하여 품질보증 활동만 전담하게 함으로써, 개발팀의 업무 부담을 줄일 수 있으며 품질과 관련된 전문 지식을 습득할 수 있게 됨. ❷

이상

문장의 내용을 발췌하면 다음과 같습니다.

---

❶ 〈말하고 싶은 주장〉
시스템의 개발 및 유지보수가 발생하면 테스트 케이스를 검토하고, 타사 사례나 업계 연구를 통해 당사 시스템의 품질을 확보하기 위한 특별팀의 발족이 필요함.

❷ 〈이유〉
개발팀과 별도로 팀을 운영하여 품질보증 활동을 전담하게 함으로써 개발팀의 부담을 줄이고, 품질과 관련된 전문 지식을 습득할 수 있다고 생각하기 때문임.

즉, 특별팀을 만들면 시스템 고도화에 따른 품질보증 활동도 강화하고 품질과 관련된 전문적인 노하우를 축적할 수 있으며, 개발팀의 부담도 줄어들 것이라는 점입니다. 그러면 이 제안서는 '설득력'이 있을까요?

그 대답은 '일부에게는 설득력이 있을지도 모르지만, 설득력이 없다고 생각하는 사람이 거의 대부분'일 것입니다. 기획은 내용만 봐서는 문제가 없어 보입니다. 품질을 높이기 위한 방안으로 개발팀과 품질보증팀으로 업무를 분리하고 품질보증 업무를 전담시킴으로써 다음의 주장도 틀린 얘기는 아니기 때문입니다.

1. 개발팀의 부담을 줄인다.
2. 전담팀으로서 전담 업무에 대한 전문 지식을 습득할 수 있다.

그런 의미에서 김현수 과장의 기획 내용에 설득되는 사람도 있을 것입니다.

반대로 설득되지 않는 사람도 많이 있을 것입니다. 아마도 다음과 같은 입장의 사람들이겠지요?

- 기획을 책임지는 관리자급
- 비용 대비 효과를 판단하는 상위관리자

즉, 실행 책임자와 의사결정권한이 있는 사람들입니다.

이런 사람들은 제안된 안건의 진행 여부를 결정해야 하고 실행에 대한 책임이 무겁기 때문에 '아이디어' 정도의 내용으로는 결코 승인해 주지 않습니다. "정말 잘될까?", "효과가 있을까?", 수 차례에 걸쳐 반론을 제기합니다.

그래서 문장을 작성하는 사람은 반론을 수 차례 제기할 만한 사람들이 '더 이상 반론을 제기하지 못하도록' 문장을 작성해야 합니다. 그것이 바로 설득력 있는 제안서를 작성할 수 있는 포인트입니다.

반론 포인트

"정말로 개발팀과 품질보증팀을 분리하면 잘 될까?" 반론 포인트를 살펴봅시다. 예상되는 반론 혹은 지적 포인트는 다음과 같습니다.

> **〈반론 혹은 지적 포인트 ①〉**
> 개발팀으로부터 분리되어 품질보증팀을 만들면 지금 당장은 개발에 관한 지식을 어느 정도 보유하고 있으므로 그다지 문제가 없겠지만, 점차 시간이 지나면 품질보증팀의 '개발 노하우'가 없어지는 것은 아닌가?

〈반론 혹은 지적 포인트 ②〉
개발팀과 품질보증팀이 서로 대립하는 것은 아닌가? 책임 소재로 서로 발을 빼려고 하는 등, 오히려 조직력이 약화하는 것은 아닌가?

이처럼 누구에게 제출할 것인지 사전에 제출할 대상을 고려하지 않으면 상대의 입장이나 관점을 고려하지 않게 돼 결과적으로 설득력이 없는, 설득 효과가 적은 문장을 작성하게 됩니다. 예상되는 반론에 대처 방안을 미리 작성해 놓는 것만으로도 설득력이 있는 '좋은 문장'을 작성할 수 있습니다.

'Before 수정 전' 예시의 문장을 반론을 고려해 다시 작성하면 다음과 같습니다.

After 수정 후

품질보증팀 발족에 대해

개발팀 김현수 과장

1. 배경
시스템의 개발 및 유지보수가 발생하면 테스트 케이스를 검토하고 타사 사례나 업계 연구를 통해 당사 시스템의 품질을 확보하기 위한 특별팀의 발족이 필요함

2. 활동 내용
  1) 요건 정의에 대한 품질보증
     사용자 입장에서 누락된 요건이 없는지, 회의를 개최하여 확인하는 활동 등.
  2) 테스트에 관한 품질보증
     테스트 케이스를 도출하고, 시스템의 과거 장애(이슈)를 활용하여 최적의 테스트 케이스를 작성하는 활동

3. 효과

개발팀과 별도로 팀을 구성하여 품질보증 활동만 전담하게 함으로써 개발팀의 업무 부담을 줄일 수 있으며 품질과 관련된 전문 지식을 습득할 수 있게 됨.

4. 검토 포인트

〈포인트 1〉 품질보증팀의 '개발지식 및 스킬' 유지 방안
⇒ 개발팀과 적절하게 로테이션을 실시하고 로테이션을 통해 개발 노하우 및 스킬을 유지

(이유)
개발팀으로부터 분리되어 품질보증팀을 만들면 지금 당장은 개발에 관한 지식을 어느 정도 보유하고 있으므로 그다지 문제가 없겠지만, 점차 시간이 지나면 품질보증팀의 '개발 노하우'가 없어질 우려가 있음.

〈포인트 2〉 개발팀과 품질보증팀의 대립 회피 방안
⇒ 품질보증팀의 리더로 개발팀에 영향력을 행사할 수 있는 개발팀의 관리자급 경험자를 지정하여 조직 간의 대립을 피할 수 있도록 함.

(이유)
개발팀과 품질보증팀의 책임 소재 등으로 이해 관계가 대립하는 등, 조직력이 약화될 가능성이 있음.

이상

1번부터 3번은 그대로이지만 '4. 검토 포인트'를 추가해 비판이나 반론을 제기하지 못하도록 설득력 있는 문장을 만들 수 있습니다. 이렇게 설득력이 있는 문장을 쓰려면 문장을 읽었을 때 어떤 판단이나 행동을 해야 하는 상대의 관심사에 포커스를 맞추어야 합니다.

상사나 경영층에 보고하기 위한 위한 문장이라면 상대 즉, 상사나 경영층의 입장에서 문장을 작성해야 합니다.

상사나 경영층의 관심사에 포커스를 맞춘다

대부분의 직원들은 경영층을 포함한 이른바 '상위관리자'에게 보고하는 문장을 작성하는 데 많은 어려움을 느낍니다. 그 이유는 상사나 경영층의 관심사에 포커스를 맞추고 있지 않기 때문입니다.

역할과 입장이 다르다.
↓
역할과 입장에 따라 바라보는 시각이 다르다.
↓
상대에 따라 문장 표현이 달라야 한다.

여기서 짚고 넘어가야 할 것은 '경영층이 선호하는 문장의 표현과 담당자가 작성하는 문장의 표현이 다르다'는 점입니다.

〈경영층이 선호하는 요소〉
① 바쁘기 때문에 읽자마자 포인트를 이해할 수 있어야 한다.
② 완결성이 있고 간단할 것. 문자 수가 적을 것. 한마디로 말할 수 있을 것. 결론부터 눈에 들어올 것.
③ 기획이 필요한 이유가 명확하고, 기획이 성공할 논리적인 근거가 충분해야 한다.

경영층은 바쁘기 때문에 짧은 시간에 논점을 이해할 수 있고 '판단하기 위한 근거'가 명확하고 알기 쉬운 표현을 좋아합니다. 한편, 담당자는 '기획을 어떻게 추진해 나갈 것인지, 누가 언제 무엇을 할 것인지'에 대한 작업을 최

대한 상세하게 표현하는 것을 좋아하기 때문에 관점이 완전히 다릅니다.

관점이 다른 이유는 양측의 업무에 대한 책임을 생각하면 확실해집니다. 경영층은 의사결정이나 판단을 중심으로 한 업무이며 자신이 판단한 결과에 항상 책임을 져야 하기 때문에 성공 여부를 결정하는 변수들을 자세히 알고 싶어하기 때문입니다.

이러한 경영층의 심리를 알아 두는 것도 문서를 잘 쓰는 노하우 중의 하나입니다.

바라보는 시각이 다르다 – 경영층과 담당자

A사에서 시스템 기획을 담당하고 있던 시절의 이야기입니다. A사에는 시스템 기획부가 있으며 각종 시스템의 기획, 예를 들어 하드웨어나 네트워크 장비의 조달 및 유지보수, IT 엔지니어의 조달 및 육성, 업무용 프로그램의 개발 및 유지보수 계획 등을 담당하고 있었습니다.

어느 날, 후배인 B군이 시스템 기획을 맡게 되었습니다. 그는 시스템 개발 팀원으로서 시스템 개발 경험은 많았지만, 기획 업무 경험은 없었기 때문에 좋은 성과를 낼 수 없었습니다. 설명 및 설득 역량이나 문장 작성 능력이 부족했기 때문입니다. B군은 기획 회의 등에서 상사와 동료로부터 질문을 받으면 엉뚱한 답변을 하거나 침묵할 때가 많았습니다.

그러던 중, B군이 전무님께 직접 어떤 안건을 설명하게 되었는데 그 자리에서도 제대로 설명을 하지 못했습니다. 우울해 하던 B군에게 이렇게 조언했습니다.

- 전무와 같은 경영진은 많은 사람으로부터 보고를 받아야 하기 때문에 하나의 안건에 많은 시간을 할애할 수가 없다. 그래서 설명을 듣고 있던 도중에 궁금한 사항이 나오면 바로 질문을 던진다.
- 무엇이 문제이고, 무엇을 하면 되는지, 어느 정도 걸리는지, 비용은 얼마가 드는지, 효과는 어느 정도인지, 이러한 것들을 가능한 한 수치로 답변할 수 있도록 준비해 보면 어떨까?

이후 B군은 설명이나 보고가 예정되어 있으면 사전에 예상 질문을 직접 종이에 써 가며 설명이나 보고 준비를 했습니다. 그러나 점차 설명 및 설득하는 역량이 향상됨에 따라 종이에 써 볼 필요도 없어졌습니다. 종이에 써 보지 않아도 머릿속으로 준비할 수 있게 되었기 때문입니다. 그와 동시에, 전달하는 목적과 상대를 의식하게 됨으로써 문장 스킬도 향상되었습니다.

이처럼 IT 엔지니어에게는 '전달하는 역량'이 필요합니다. 대화나 문서 공유 등 상사나 다른 사람과의 커뮤니케이션은 '(전달) 목적과 상대에 포커스를 맞추는 것'이 중요합니다. 상대에게 의도를 능숙하게 전달하려면 다음의 포인트를 항상 생각해야 합니다.

- 자신의 관점이 아니라 반드시 상대방의 입장에서 설명해야 한다.
- 상대의 관심 사항에 포커스를 맞춘다. 관심 사항이 아닌 내용을 설명할 때는 알기 쉽게 설명할 수 있도록 많은 노력과 준비를 해야 한다.

'알기 쉽게 전달하는' 문장을 쓰려면 문장 표현력의 기초를 배워야 합니다. 1-3절에서는 문장 표현력의 기초를 설명하겠습니다.

1-3 문장 표현력의 기초 작성 기술

문장 표현력의 기초가 되는 문장 작성 기술이 무엇인지 살펴봅시다.

설득력 있는 기획제안서 작성하기

다음의 7가지가 '알기 쉽게 전달하는 문장'을 작성하기 위해 필요한 문장 표현력의 기초입니다. 문장을 작성할 때 항상 조심하는 항목이며 다른 사람이 쓴 문장을 체크할 때의 체크 포인트이기도 합니다.

> **7가지 기술 – 문장 표현력의 기초 작성 기술**
> ① 논점을 명확하게 쓰기
> ② 납득할 수 있게 쓰기
> ③ 한 눈에 파악되게 쓰기
> ④ 이해하기 쉽게 쓰기
> ⑤ 생략 없이 정확하게 쓰기
> ⑥ 단문으로 쓰기
> ⑦ 감정에 호소해서 쓰기

7가지 기술 ① 논점을 명확하게 쓰기

좋은 문장은 '무엇을 말하는지, 왜 그런 것인지, 구체적으로 어떤 것인지', '어떻게 하면 되는 것인지' 논점이 명확합니다. 문장 구조에서 가장 중요한 것은 '하고 싶은 말을 잘 걸러내는 것'입니다. 관련 있는 내용들로 대충 추정해 쓴 문장은 이해하기 어렵고 설득력도 떨어집니다.

2장의 2-1절에서는 '말하고 싶은 것이 무엇인지' 목적을 명확히 하고 나서 논점을 설정해봅니다. 논점에 따라 문장을 작성하는 방법도 배웁니다.

7가지 기술 ② 납득할 수 있게 쓰기

좋은 문장은 '주장'이 명확하고 주장에 납득될 만한 이유나 근거가 명확합니다. 이유가 명확하고 사실에 근거해야 강력한 신뢰감을 줄 수 있습니다. 말뿐이고 주장에 관한 이유나 근거가 없는 문장은 설득력이 떨어집니다.

2장의 2-2절에서는 먼저 '주장과 이유의 관계'를 이해하고 나서 주장과 이유, 그 이유를 뒷받침하는 근거를 포함한 문장 작성 방법을 알아봅니다.

7가지 기술 ③ 한눈에 파악되게 쓰기

좋은 문장은 알기 쉽게 문장이 구조화되어 있습니다. 문장의 구조화란 같은 주제의 내용들을 한데 묶고, 문장 간의 상하관계를 정의하여 재배치하는 것을 말합니다. 한데 묶은 내용에 타이틀을 부여하고 타이틀을 기반으로 계층별 레벨을 정한 후 레벨에 맞춰 내용을 작성합니다.

2장의 2-3절에서는 '구조화의 의미'를 명확히 이해하고 나서 문장을 구조화해 봄으로써 한눈에 파악할 수 있는, 균형 잡힌 문장을 작성하는 방법을 배웁니다.

7가지 기술 ④ 이해하기 쉽게 쓰기

좋은 문장은 '무슨 말을 하는지' 상대가 확실하게 이해할 수 있어야 합니다. 이러한 문장에 필요한 스킬은 최대한 알기 쉽게 표현하는 것입니다. 전문 용어, 어려운 용어, 자신이나 자신이 소속한 팀(부서) 밖에 모르는 용어로 문장을 작성해 상대가 이해할 수 없게 되면 설득력이 떨어집니다.

2장의 2-4절에서는 '이해하기 쉽게 표현'하기 위한 요소를 명확히 하고 요소를 사용해 문장을 쓰는 방법을 배웁니다.

7가지 기술 ⑤ 생략 없이 정확하게 쓰기

알기 쉬운 문장을 쓸 때는 함부로 생략하지 않아야 합니다. 생략이란 써야 할 내용을 '쓰지 않는' 것입니다. 작성하는 사람과 그것을 읽는 사람, 양자 간 이미 알고 있는 내용만 생략해야 하는데, 일반적으로 작성하는 사람과 그것을 읽는 사람의 정보의 양과 지식의 양이 달라서 함부로 생략하면 도무지 이해할 수 없는 문장이 됩니다.

2장의 2-5절에서는 '생략하지 않고 제대로 표현하는 방법'을 배웁니다.

7가지 기술 ⑥ 단문으로 쓰기

좋은 문장은 짧은 시간에 직관적으로 내용을 이해할 수 있어야 합니다. 이를 위해서는 쓸데없는 수식어나 내포된 문장들을 과감히 제거하고 의역이나 기호, 도표 등을 사용합니다. 끝없이 긴 문장은 이해하기 어려울 뿐만 아니라 논점까지 흐리게 합니다.

2장의 2-6절에서는 '단문으로 전달한다는 것이 무엇인지' 의미를 이해하고 가능한 한 짧은 문장으로 전달할 수 있는 방법을 배웁니다.

7가지 기술 ⑦ 감정에 호소해서 쓰기

좋은 문장을 쓰려면 읽는 사람의 감정에 호소하는 등 심리적인 접근도 필요합니다. 특히 '설득', '의뢰', '거절', '어필'과 같은 문장에서는 논리성과 이해도는 물론 감정을 배려한 내용도 필요합니다. 사람은 감정을 가지고 있기 때문에 한 줄 문장이 상대의 마음을 움직여 목적을 달성할 때도 많습니다.

2장의 2-7절에서는 '상대의 감정을 배려한 문장'을 작성하는 방법을 배웁니다.

7가지 기술을 이해하고 사용할 수 있다면 일상 업무에서 문장을 작성할 때 그다지 큰 어려움을 겪지 않게 될 것입니다. 이러한 학습은 끈기가 필요합니다.

- 생각한다
- 검토한다
- 작성한다
- 수정한다

4단계의 절차를 반복하여 많은 문장을 작성해 보시기 바랍니다. 저희 팀은 이 절차에 따라 문장을 작성하도록 항상 노력하고 있습니다.

7가지 기술을 이용한 문장의 예시

2장에서 7가지 문장 작성 기술을 공부하기 앞서 7가지 기술을 적용한 문장을 간략히 살펴봅니다.

다음 문장은 7가지 기술을 이용하기 전(수정 전)의 문장입니다.

Before 수정 전

안건: 테스트에 관한 의뢰

개발2팀 김은비입니다.

현재 시스템 테스트 단계로 3,900개의 테스트 케이스를 완료한 상태이며 버그 건수는 총 54건으로 안정된 수준입니다. ❶

단, 향후를 고려하여 테스터를 조금 더 확보해 둘 필요가 있다고 생각되어, 테스터 확보를 검토하고 있습니다. 그리고 모든 관련 부서에 테스트 아이템에 관해 설명이 필요하여 설명회의 일정을 조정하고자 하오니 이 메일에 첨부하고 있는 일정 조정표에 참석 가능한 일정을 기입하여 회신해 주시기 바랍니다. ❷

내일까지 부탁드립니다.

테스트 아이템과 테스트 방법에 대해 설명을 듣고 나서, 테스트 지원이 가능한 팀원을 선정해 주시기 바랍니다. 선정이 완료되면 직접 선정된 인원에게 연락 드리겠습니다.

이것은 기업 A사의 시스템 개발 프로젝트 진행 중에 작성된 문장입니다. 7가지 기술 중 일부를 사용하여 수정해 보면 다음과 같습니다. 두 개를 비교해 보세요. 색으로 표시된 곳이 수정 부분입니다.

After 수정 후

안건: 테스트 인원 확보를 위한 설명회 참석 의뢰

개발2팀 김은비입니다.

1. 의뢰 사항

테스트 설명회의 일정 조정이 필요하므로 회신 바랍니다.
⇒ 테스트 인원 확보에 관한 내용 공유
⇒ 첨부한 일정 조정표에 참석 가능한 일정을 기입하여 회신해 줄 것(내일까지)

2. 이유

테스트는 안정된 상태이나 향후 테스트 항목의 증가가 예상되어 테스트 인원의 확보가 필요함(※ 3,900건 완료, 버그 건수: 총 54건).

3. 향후 일정

이번 설명회에서 '테스트 방법'을 공유할 예정이므로, 각 부문에서는 테스트를 지원해 줄 수 있는 인력을 선정해 줄 것(상세 내용은 선정된 인원에게 별도 연락할 예정임).

Before(수정 전)의 문장을 보면 앞 부분(❶)에 아래의 문장이 있습니다.

현재 시스템 테스트 단계로 3,900개의 테스트 케이스를 완료한 상태이며 버그 건수는 총 54건으로 안정된 수준입니다.

앞의 문장은 현재 진행 상황에 대한 설명을 보충하는 내용으로 주요 논점은 아닙니다. 여기에서의 논점은 어디까지나 다음 부분❷입니다.

> 그리고 모든 관련 부서에 테스트 아이템에 관해 설명이 필요하여 설명회의 일정을 조정하고자 하오니 이 메일에 첨부하고 있는 일정 조정표에 참석 가능한 일정을 기입하여 회신해 주시기 바랍니다. 내일까지 부탁드립니다.

문장이 너무 길어서 문장의 구조만 이해하는 데도 시간이 걸립니다.

즉, 주요 논점 앞에 '테스트 아이템에 관해 설명이 필요하여 설명회의 일정을 조정하고자 하오니'와 같은 긴 수식어가 있어, 문장의 직관적인 이해를 방해하고 있습니다.

다음과 같이 핵심이 되는 논점을 먼저 쓰고 이유와 보충 설명을 그 다음에 작성하는 방식으로 수정합니다.

> 1. 의뢰 사항
> 테스트 설명회의 일정 조정이 필요하므로 회신 바랍니다.
> ⇒ 테스트 인원 확보에 관한 내용 공유
> ⇒ 첨부한 일정 조정표에 참석 가능한 일정을 기입하여 회신해 줄 것(내일까지)

앞의 문장에서는 '1. 의뢰 사항'이 1차 논점이고, '테스트 설명회의 일정 조정이 필요하므로 회신 바랍니다.'가 2차 논점으로 되어 있습니다. 2차 논점 아래에 화살표로 표시한 부분은 회의 내용과 회의 참석 일정을 조정하기 위한 요청 사항입니다.

⇒ 테스트 인원 확보에 관한 내용 공유

⇒ 첨부한 일정 조정표에 참석 가능한 일정을 기입하여 회신해 줄 것(내일까지)

이 정도라면 문장을 읽었을 때 "내가 왜 이것을 해야 하는지"를 확실하게 이해할 수 있습니다.

그리고 안건의 제목도 다음과 같이 수정했습니다.

테스트에 관한 의뢰
⬇
테스트 인원 확보를 위한 설명회 참석 의뢰

제목은 문장의 내용을 한마디로 표현할 수 있어야 합니다. Before(수정 전)의 제목을 보면 테스트에 대한 무슨 요청인지 도무지 파악이 되지 않습니다. 하지만 After(수정 후)는 구체적으로 표현되어 있어 무엇을 해 주면 되는지 한눈에 파악할 수 있습니다.

또한 Before(수정 전)에 '테스터'나 '테스트 아이템'과 같이 다른 팀이나 다른 부서에서는 그다지 사용하지 않은 전문 용어를 사용하고 있습니다. After(수정 후)에서는 일반적인 용어를 사용하여 거부감 없이 자연스럽게 읽히도록 수정했습니다.

| 테스터 | ➡ 테스트 인원 |
| 테스트 아이템 | ➡ 테스트 항목 |

    7가지 기술을 기반으로 수정 전후의 내용을 오른쪽의 표 1.1에 정리했습니다. 이렇게 7가지 기술만이라도 제대로 익혀 두면 누가 봐도 이해하기 쉬운 문장을 작성할 수 있습니다.

    7가지 기술 중 '⑦ 감정에 호소해서 쓰기'는 예시 문장에 적용하지 않았습니다. ⑦의 기술은 일반적인 보고서나 통지서 등에는 사용하지 않으며 반론을 제기할 만한 상대가 있다고 판단될 때 설득을 하기 위해 주로 사용되는 기술입니다.

표 1.1 수정 전과 수정 후의 차이

7가지 기술	수정 전 문장의 문제점	수정 후 개선된 사항
① 논점을 명확하게 쓰기	참고정보(테스트건수/버그건수)가 앞에, 의뢰사항이 뒤에 있기 때문에 말하고 싶은 논점이 무엇인지 헷갈린다.	주요 논점과 보충할 정보가 분리되어 있고 순번이 다르다.
② 납득할 수 있게 쓰기	의뢰 사항과 의뢰한 이유가 무엇인지 알기 어렵다.	의뢰사항과 그 이유를 명확히 작성하고 있다.
③ 한눈에 파악되게 쓰기	문장 전체를 읽지 않으면 전체 구조를 파악하기 어렵다.	문장 전체가 구조화(계층화, 그룹화)되어 있다.
④ 이해하기 쉽게 쓰기	'테스터', '테스트 아이템'과 같은 전문 용어를 사용해 관련 업무와 무관한 사람들은 이해하기 어렵다.	'터스트 인원', '테스트 항목'과 같은 일반적이고 이해하기 쉬운 단어를 사용하고 있다.
⑤ 생략 없이 정확하게 쓰기	테스트 인원의 확보가 필요한 이유가 애매하다.	테스트 인원을 확보하고자 하는 이유가 향후 테스트 항목의 증가에 있음을 기재하고 있다.
⑥ 단문으로 쓰기	문장이 너무 길다.	문장이 간결하다.
⑦ 감정에 호소해서 쓰기	–	(미사용)

2장에서는 7가지 기술 각각을 자세히 설명합니다. 3장부터는 실천편으로, 문서 종류별로 문장을 어떻게 작성하면 좋은지 구체적인 기법을 소개합니다.

기초편

제2장

문장 표현력의 기초 작성 기술을 활용한다

2-1 7가지 기술 ① 논점을 명확하게 쓰기
2-2 7가지 기술 ② 납득할 수 있게 쓰기
2-3 7가지 기술 ③ 한눈에 파악되게 쓰기
2-4 7가지 기술 ④ 이해하기 쉽게 쓰기
2-5 7가지 기술 ⑤ 생략 없이 정확하게 쓰기
2-6 7가지 기술 ⑥ 단문으로 쓰기
2-7 7가지 기술 ⑦ 감정에 호소해서 쓰기

2장에서는 문장 표현력의 기초 작성 기술인 7가지 기술을 ㅈ·세히 설명합니다.

7가지 기술 ①
2-1 논점을 명확하게 쓰기

POINT! 목적을 명확히 하고 상대의 입장에서 문장의 논점을 요약한다.

알기 쉬운 문장을 쓰기 위한 요소 중의 하나는 '논점을 명확하게' 작성하는 것입니다. 그러기 위해서는 먼저 목적을 명확히 하고 상대의 입장에서 논점을 요약합니다. 논점을 잘 요약하는 것만으로도 전달하고 싶은 내용을 충분히 전달할 수 있습니다.

 이것을 활용해 봅시다!

논점을 명확하게 작성하기 위해 필요한 요소로, 다음의 4가지 사항이 있습니다. 4가지를 활용하여 문장을 작성해 봅시다.

논점을 명확하게 작성하기 위해 필요한 4가지 사항
① 전달하고 싶은 내용을 요약한다.
② 전달하고 싶은 논점은 맨 앞에 쓴다.
③ 논점과 보충 정보를 분리한다.
④ 관계없는 내용은 쓰지 않는다.
---

① 전달하고 싶은 내용을 요약한다

가장 전달하고 싶은 내용을 하나의 문장으로 요약합니다. 그렇게 해야 무엇을 이야기하고 싶은지, 무엇이 문제인지를 상대방이 쉽게 파악할 수 있습니다.

 ② 전달하고 싶은 논점은 맨 앞에 쓴다

전달하고 싶은 내용 중 가장 중요한 논점은 문장의 맨 앞에 써야 합니다. 맨 앞에 써 두면 상대가 시간이 없더라도 문장의 의미나 취지가 무엇인지 제일 먼저 파악할 수 있습니다.

 ③ 논점과 보충 정보를 분리한다

논점과 그 논점을 보충해 줄 정보는 분리해서 작성해야 합니다. 내용의 분리는 상대로 하여금 논점(주제, 전달하고 싶은 사항)이 무엇인지 명확하게 파악하게 하기 위해 필요합니다.

 ④ 관계없는 내용은 쓰지 않는다

전달하고 싶은 논점과 무관한, 필요 없는 설명은 과감히 생략합니다. 이것도 상대로 하여금 논점을 쉽게 파악하게 하기 위해 필요합니다.

구체적인 예

4가지 사항을 적용하는 방법을 구체적인 예시를 통해 알아봅니다.

Before 수정 전

안건: 당사 EC사이트의 품질 이슈에 대해

시스템개발팀 오정수입니다.
아래와 같이 품질 이슈의 현황에 대해 보고하겠습니다.

- 시스템이 복잡해져서 변경된 부분을 파악하는 데 많은 시간이 소요되고 있는 등, 시스템 변경에 대한 작업 효율이 악화하고 있습니다.

- 게다가, 삭제되는 부분도 많아 디그레이션 테스트가 점차 증가되고 있어 앞으로 어떻게 될지 염려됩니다.

- 팀원들의 지식이 아직 부족하기도 하지만, 외부에 위탁한 모듈의 버전 관리가 철저하게 이루어지고 있지 않으며, 위탁업체의 용역 비용까지 비싸서 현재 곤란한 상황입니다.

이 문장은 4가지 사항 중 '① 전달하고 싶은 내용을 요약한다', '④ 관계없는 내용을 쓰지 않는다'의 관점에서 보면 상당히 알기 어렵게 작성되어 있습니다. 문장 내용을 다시 분석해서 정리해 보니 모두 5가지의 사항이 도출되었습니다.

1. 시스템이 복잡해져서 변경된 부분을 파악하는 데 많은 시간이 소요되고 있는 등, 시스템 변경 작업 효율이 악화하고 있다.
2. 삭제되는 부분도 많아 디그레이션 테스트가 점차 증가되고 있어 앞으로 어떻게 될지 염려된다.
3. 팀원들의 지식이 부족하다.
4. 외부업체에 위탁한 모듈의 버전관리가 철저하게 이뤄지고 있지 않아 곤란할 때가 있다.
5. 위탁업체의 용역 비용까지 비싸서 곤란한 상황이다.

품질 이슈 사항 중 도대체 어떤 것이 우선 순위가 제일 높고 이슈의 영향도가 큰지 전혀 파악할 수가 없습니다. 특히 5번은 품질과는 직접적인 연관도 없는 불필요한 설명입니다.

After 수정 후

안건: 당사 EC사이트의 이슈의 건

시스템 개발팀 오정수입니다.
아래와 같이 품질 이슈의 현황을 보고하겠습니다.
특히 긴급하게 대응이 필요한 것은 '1. 작업 효율의 악화'입니다.

1. 작업 효율의 악화
   ⇒ 시스템이 복잡해져서 변경된 부분을 파악하는 데 많은 시간이 소요되는 등, 시스템 변경 작업 효율이 악화하고 있습니다.

2. 테스트 공수의 증가
   ⇒ 최근에는 삭제되는 부분도 많아 디그레이션 테스트가 점차 증가하고 있습니다. 테스트 효율화 등을 통한 테스트 공수 절감 방안이 필요합니다.

3. 팀원의 지식 부족
   ⇒ 팀원의 업무 지식이 아직 부족해 실제 서비스에서 요구되지 않은 불필요한 기능을 설계하고 있는 인원이 있습니다.

4. 외부 위탁업체의 버전 관리 부재
   ⇒ 외부 위탁하고 있는 일부 프로그램이 최신 버전이 아닌 구 버전으로 간혹 납품되고 있어 생산성을 저하시키고 있습니다.

연습문제

연습문제에 도전해 봅시다. '논점을 명확하게' 작성하여 알기 쉬운 문장으로 수정해 주세요.

Before 연습문제

안건: 효율적인 설계 리뷰를 위한 주요 포인트

개발팀의 김민철입니다.
효율적인 설계 리뷰의 주요 사항을 아래와 같이 공유합니다.

- 리뷰는 사전에 준비해 와야 합니다. 이것이 성공의 비결입니다.
- 고품질의 시스템을 구축하기 위해 리뷰용 체크리스트나 과거에 발생한 이슈들을 분석하고 정리하여 엑기스만 추출한 체크 포인트를 만드는 등의 연구가 필요합니다.
- 사전에 설계 자료를 나눠주고, 참석자가 미리 읽고 와서 리뷰를 진행해야 리뷰 당일의 리뷰 효율을 높일 수 있습니다.

검토 방법과 해답 예시

해답 예시입니다. 무엇보다도 전달하고 싶은 내용을 빠뜨리지 않는 것이 중요합니다.

After 해답 예시

> **안건: 효율적인 설계 리뷰를 위한 주요 포인트**
>
> 개발팀의 김민철입니다.
> 효율적인 설계 리뷰를 위한 주요 사항을 아래와 같이 공유합니다.
>
> 리뷰의 효율을 높이기 위해서는 사전 준비^{*1}가 필요합니다.
>
> $*1$ 사전 준비
> ① 체크리스트(과거에 발생한 이슈들을 분석하고 정리하여 핵심만 추출한 내용을 포함)를 이용한다.
> ② 사전에 설계 자료를 배포하여 읽어 오게 한다.

여기에서 가장 전달하고 싶은 논점은 '리뷰에는 사전 준비가 필요하다'는 것입니다. 그래서 사전 준비가 필요하다는 논점 이외의 다른 문장은 이 말을 보충해 주는 내용이므로 각주(^{*1})를 사용하거나 괄호를 사용하여 문장의 구조를 변경하고 논점을 돋보이게 합니다.

2-2 납득할 수 있게 쓰기
7가지 기술 ②

POINT! 주장과 이유가 확실한 문장을 쓴다.

설득력 있는 문장의 요소 중의 하나는 '상대를 납득시키는' 것입니다. 그러기 위해서는 주장과 이유가 확실해야 합니다.

 이것을 활용해 봅시다!

상대가 납득할 수 있게 문장을 작성하려면 다음의 5가지 사항이 필요합니다.

> **상대가 납득할 수 있게 문장을 쓰기 위한 5가지 사항**
> ① 맨 앞에 주장과 주장한 이유를 쓴다.
> ② 이유는 납득할 수 있도록 쓴다.
> ③ 이유는 사실에 근거하고 수치 등을 사용하여 객관적으로 쓴다.
> ④ 사실과 의견을 분리한다.
> ⑤ 수동적인 표현과 복잡한 표현을 사용하지 않는다.

① 맨 앞에 주장과 주장한 이유를 쓴다

논리적인 문장 구조는 그림 2.1과 같습니다.

그림 2.1 논리적인 문장 〈기본 구조〉

① 결론이 될 주장(개요)
② ①의 이유(개략)
③ ①의 상세 내용
④ ②의 상세 내용

결론이 될 주장의 개요 → 주장에 대한 이유(개략)를 쓰고, 필요성 여부에 따라 주장의 상세 내용 → 이유에 관한 상세 내용의 순서로 전개합니다.

이러한 순서로 작성하려는 이유는 다음과 같습니다.

- 결론을 가장 마지막에 적으면 결론을 파악하기까지 시간이 많이 걸린다.
- 결론까지 도달하는 과정에 결론과 무관한 쓸데없는 문장이 전개되면 결론이 잘 보이지 않는다.

예를 들면 그림 2.2와 같은 문장 구조가 있다고 합시다.

그림 2.2 결론이 가장 마지막에 있는 문장 구조

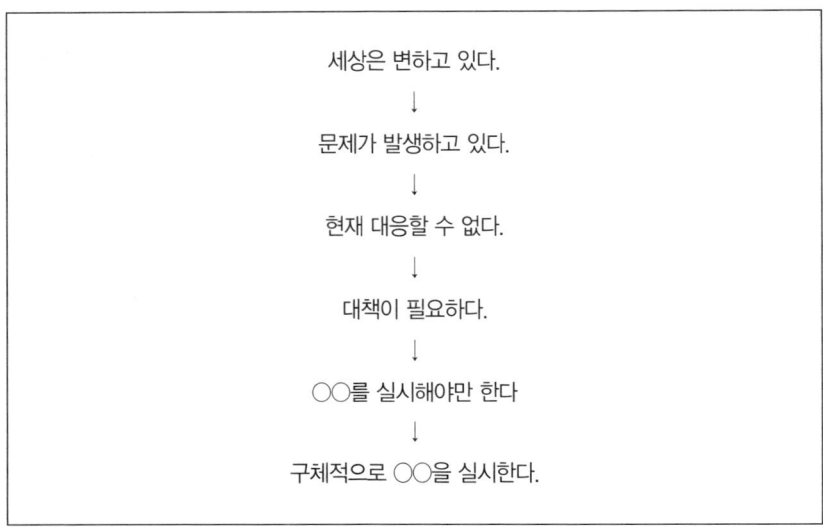

이렇게 결론을 가장 마지막에 두면 아무래도 독자가 결론을 파악하기까지 많은 시간이 필요합니다.

물론, 논문 등은 이러한 구조로 작성하기도 합니다. 하지만 비즈니스 문장은 하고 싶은 말을 빠르고 설득력 있게 전달해야 하기 때문에 결론을 앞에 두는 구조를 사용하는 것이 좋습니다(그림 2.3).

이와 같이 문장을 읽는 사람의 입장을 고려하여 '무슨 말을 하고 싶은지, 결론이 무엇인지'를 먼저 알려주고 나서, 그 이유와 자세한 내용을 설명하는 편이 훨씬 알기 쉬운 문장이 됩니다.

그림 2.3 '결론/이유 → 상세화 → 구체화'의 문서 구조

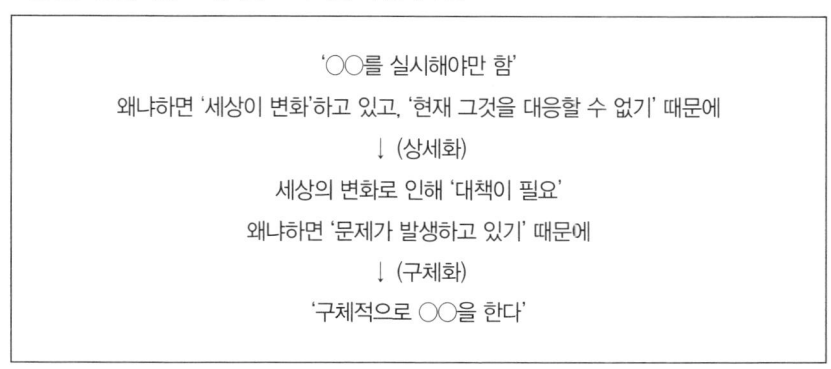

결론이 뒤에 오는 구조를 '역 피라미드형'이라고 하며, 결론이 앞에 오는 구조를 '피라미드형'이라고 합니다(그림 2.4).

그림 2.4 역 피라미드형과 피라미드형

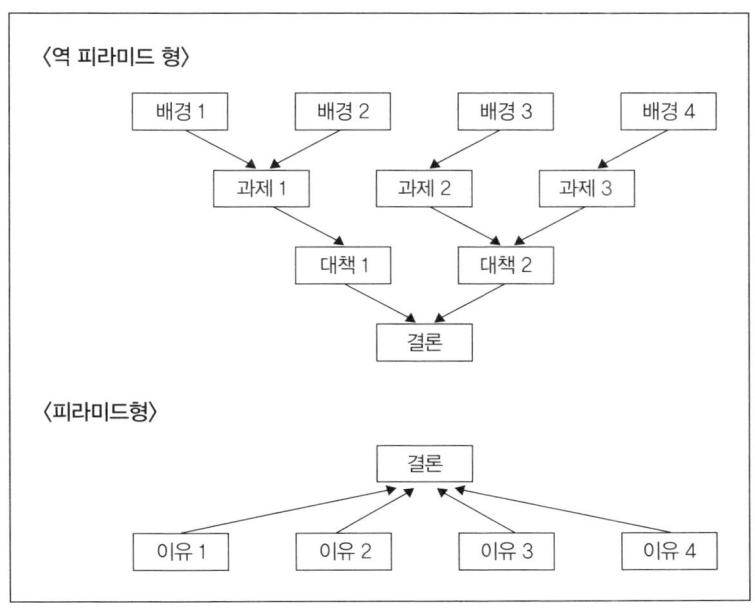

역 피라미드형은 결론이 가장 마지막에 오기 때문에 처음부터 마지막까지 전체 내용을 읽다 보면 결론이 무엇인지 헷갈리거나 애매할 때가 있습니다. 그래서 이해하기 어렵다고 말합니다.

반면에 피라미드형은 결론을 말하고 나서 결론을 지지하는 내용들로 채워져 있기 때문에 관계가 명확하고 논리가 일맥상통합니다. 따라서 이해하기 쉽습니다.

이번에는 피라미드형에 설득력을 더 높이기 위해 이유나 근거를 어떻게 작성하는 것이 효과적인지를 살펴 보겠습니다. 다음 문장을 볼까요?

이 일은 고객담당자의 요구사항을 자주 확인해 가며 진행해야 합니다.
(왜냐하면) ○○라고 생각하기 때문입니다.

주장에는 반드시 이유가 있어야 합니다. 우리는 이유를 작성하기 위해 '왜냐하면'이라는 말을 자주 사용합니다. 그런데 '왜냐하면'은 논리학에서는 이유를 묻기 위해 유용하지만 대화에서는 자주 사용하면 약간 어색하고 듣기 거북한 말투라는 느낌을 주기도 합니다. 따라서 때와 장소에 따라 사용 여부를 판단해야 합니다.

② 이유는 납득할 수 있게 쓴다

이유가 납득되지 않으면 그만큼 설득력이 떨어집니다. 따라서 납득시키기 위한 내용을 여러 개 준비하여 상황에 따라, 필요에 따라 보여줄 수 있어야 합니다.

다음 문장을 볼까요?

> 이 자료는 취급 절차를 변경해야 합니다. 누구나 쉽게 참조할 수 있는 데다 반출 방지책, 복사 방지책 등이 없기 때문입니다.

문장은 간단한 예이지만 충분히 설득력이 있습니다. '누구나 쉽게 참조할 수 있는 데다 반출 방지책, 복사 방지책이 없기 때문'이라는 것은 이유가 명확하고, 누구나 잘못됐다고 생각하기 때문에 이렇게 명확한 이유가 있으면 문장을 읽는 독자는 쉽게 납득할 수 있습니다.

 ③ 이유는 사실에 근거하고 수치 등을 사용하여 객관적으로 쓴다

이유로 실제 체험한 사례나 사건을 사용하면 설득력을 높일 수 있습니다. 체험은 실제로 경험한 사실이므로 그 자체만으로도 효과가 있습니다. 실제 체험한 사례가 주장을 뒷받침하는 이유로 작성된다면, 반론이나 부정이 제기될 가능성이 적어집니다.

다음 문장을 보세요.

> 이 일은 고객담당자의 요구사항을 자주 확인해 가며 진행해야 합니다. 고객담당자인 정종호 부장은 사내에서 발언권이 세고 과거에도 정종호 부장의 노여움을 산 적이 있기 때문입니다.

아무래도 다른 사람들에게 들어서 전달하는 내용보다는 직접 체험한 내용이 더 설득력이 높아집니다.

가령, 다음의 ① ⇒ ② ⇒ ③은 설득력이 점차 약해지는 강도를 나타냅니다. ①이 강도가 제일 세고 그 다음이 ②, ③이 되겠지요.

> ① ~때문입니다.
> ② ~라고 들었기 때문입니다.
> ③ ~라고 하는 소문 때문입니다.

이유로 수치를 사용하면 설득력이 높아집니다. 반대로, 모호한 표현의 형용사를 사용하면 설득력이 떨어집니다.

다음의 문장을 보세요.

> 〈…상사로부터 "통합 프로젝트가 지연되고 있는 것 같다"는 이야기를 듣고서…〉
> 3개의 공정(단계)에서 2일씩 일정이 지연되고 있습니다. 일정 지연에 대해서는 이미 원인을 파악해 대책을 마련했습니다. 예비로 잡아 둔 일정에서 지연된 일정만큼 6일 정도 보충하면 2일 후에는 회복될 수 있을 것으로 보입니다.

이와 같이 '3개의 공정(단계)에서 2일씩', '예비로 잡아 둔 일정에서 지연된 일정만큼 6일 정도', '2일 후에는 회복' 등과 같이 수치로 설명하면 납득시키기가 훨씬 쉬워집니다.

 ④ 사실과 의견을 분리한다

사실과 의견, 추정을 분리해서 쓰면 문장의 신뢰도를 높일 수 있습니다. 사실이란 누구에게나 객관적인 것으로 올바른 사실은 부정할 수 없는 것입니다. 그러나 의견이나 추정은 주관적인 판단이나 의도에 영향을 받기 때문에 사람에 따라 결과가 다를 수 있습니다.

따라서 추정이나 의견은 근거가 필요합니다. 그 근거가 "납득할 수 있다", "정말 그런 것 같다"는 내용이 있어야만 추정과 의견이 의미가 있습니다.

 ⑤ 수동적인 표현과 복잡한 표현을 사용하지 않는다

설득력을 높이려면 의지가 약하게 느껴지는 수동적인 표현은 피해야 합니다. 왜냐하면 주체적인 의지가 느껴지지 않으면 그만큼 설득력이 떨어지기 때문입니다. 수동적인 표현으로 작성되기 쉬운 문장의 대표적인 예로는 장애보고서와 같은 '결함'이나 '오류'를 보고하는 문서가 있습니다.

구체적인 예를 들어 보겠습니다.

> ××가 원인이고, ○○에 의해 ZZ사고가 발생되었다.

물론 어떤 원인으로 인해 문제가 발생했다고 작성되어 있기 때문에 잘못된 표현은 아닙니다. 그러나 예를 들어, 공급업체로부터 내용을 보고받은 고객 측의 담당자가 어떻게 느꼈을지를 감안하면, 기분상 약간 문제가 있는 표현이라고 볼 수 있습니다. 그것은 '아마도 공급업체가 주체적으로 해결하려고 하는 성의나 의지가 느껴지지 않는' 표현이기 때문입니다.

당연히 문장을 작성한 공급업체 측에서는 그러한 의도가 없었을지도 모릅니다. 그러나 문장의 표현을 어떻게 하느냐에 따라 '문장을 작성한 측의 성실성과 주체성'에 대한 인상을 주게 됩니다. 어차피 쓸 거라면 '주체적으로 해결하고 움직이는 인상을 줄 수 있는' 표현을 사용하는 것이 좋습니다.

또한 구어체적인 표현과 예의 없고 투박한 표현도 설득력을 떨어뜨립니다. 가령, 잘못을 했을 경우 경어를 어떻게 사용하느냐에 따라 그 문장을 읽는 사람의 호응 정도가 다릅니다.

구체적인 예

Before 수정 전

안건: 판매관리시스템의 파일 공유 장애 보고

판매관리시스템의 파일 공유 기능에서 장애가 발생되어 죄송합니다.
장애의 원인을 파악하기 위해 개발자와 함께 분석 및 재현을 했으며, 원인이 명확히 판명되었기에 대책 방안을 검토 바랍니다.

이 문장은 어느 회사의 시스템 구축을 위탁 받은 벤더사에서 12년째 근무 중인 프로젝트 관리자가 실제로 작성한 보고서입니다.

보고 내용은 틀림이 없지만 문장으로써는 그다지 표현이 좋지 않습니다.

After 수정 후

안건: 판매관리시스템의 파일 공유 장애 보고

표제의 장애로 인해 귀사에 폐를 끼치게 되어 진심으로 양해의 말씀 드립니다.
장애의 원인을 파악하기 위해 개발자와 함께 분석 및 재현을 했으며, 원인이 명확히 판명했기에 보고 드립니다. 대책 방안을 검토 부탁드립니다.

한 가지 더, 납득될 수 있게 문장을 작성할 때 주의해야 할 사항은 '추정해서' 작성한 문장은 작성자의 인상을 나쁘게 만든다는 점입니다. 이점 또한 문서 작성 시 유념해 주시기 바랍니다.

연습문제

다음 문장을 '주장을 맨 앞에 쓰고, 그 이유를 뒤에 쓰는' 피라미드형 구조로 변경해 주세요.

Before 연습문제

안건: A사 EC사이트의 주요 요건에 대한 건

개발팀 임순철입니다.
A사 EC사이트의 요건으로 기능면에서는 주문기능, 결제기능, 고객관리기능이 있으며, 고객의 편의성이 주요 포인트입니다.
그러나 무엇보다 중요한 것은 A사의 도입 가격입니다. 물론 성능도 중요합니다.
EC사이트의 웹 시스템은 응답 속도가 느리면 고객을 잃을 우려가 있고, 이것은 곧바로 매출로 연결되기 때문에 응답속도가 가장 중요한 포인트입니다.

검토 방법과 해답 예시

제시된 문장에는 몇 가지 이상한 부분이 있습니다. 먼저 다음의 밑줄 친 부분 3곳을 살펴 보겠습니다.

- 이번 시스템의 <u>요건으로 기능면에서는 주문기능, 결제기능, 고객관리기능이 있으며, 고객 편의성이 주요 포인트</u>입니다.
- 그러나 <u>무엇보다 중요한 것은 A사의 도입 가격</u>입니다. 물론 <u>성능도 중요</u>합니다.

주요 포인트는 '기능면에서는 고객 편의성'이라고 서술한 다음 '무엇보다 중요한 것은 A사의 도입 가격이다'라고 주장하고 또 '성능도 중요하다'고 쓰여 있습니다. 그래서 결국 무엇이 중요하다는 것인지 결론을 알 수가 없습니다.

그래서 세 가지 모두를 똑같이 중요하다고 간주하 '중요한 것은 기능, 성능, 가격 이 세 가지'라는 결론으로 문장을 고쳐 봅시다.

After 해답 예시

안건: A사 EC사이트의 주요 요건에 대한 건

개발팀 임순철입니다.
EC사이트의 주요 요건은 다음과 같습니다(요건들은 EC사이트를 도입할 A사를 만족시키기 위해 반드시 필요한 기능입니다).

1. 기능면
각각의 기능※은 고객이 사용하기 편리해야 함

2. 성능면
고객(사용자)을 잃지 않도록 빠른 응답 속도를 보장할 수 있어야 함

3. 도입 가격
A사에 제안할 도입 가격이 적정해야 함(A사의 예산에서 받아들여질 수 있어야 함)

※ 주문 기능, 결제 기능, 고객 관리 기능

괄호 안의 내용은 원래의 문장에는 쓰여 있지 않아서 제가 보완한 것입니다. 이 문장은 생략해도 의미가 통하지만 이렇게 써 놓으면 독자의 오해를 줄일 수 있습니다. 그러나 문장이 중복되지 않도록 적절하게 판단하여 추가해 주시기 바랍니다.

2-3 한눈에 파악되게 쓰기
7가지 기술 ③

POINT! 쉽게 파악할 수 있도록 문장을 구조화한다.

파악하기 쉬운 문장은 문장의 구조에 균형이 잡혀 있으며 외형도 보기 좋고, 어디에 무엇이 쓰여 있는지 한눈에 파악할 수 있습니다. 이렇게 '한눈에 파악할 수 있게' 작성하는 것이 문장의 구조화입니다.

같은 주제의 내용을 한데 묶어 그룹화한 후 그룹마다 상하 계층을 고려하여 번호를 붙여 가며 문장을 작성하다 보면, 어느새 문장이 구조화돼 보다 쉽게 파악할 수 있게 됩니다.

 이것을 활용해 봅시다!

한 눈에 파악되도록 하려면 다음의 5가지 항목이 있습니다.

> **한 눈에 파악되게 작성하기 위해 필요한 5가지 사항**
> ① 문장의 성격과 그룹을 도출한다.
> ② 결론과 그 이유를 맨 앞에 쓴다.
> ③ 개요와 상세는 분리한다.
> ④ 소, 중, 대 항목의 계층을 설정한다.
> ⑤ 너무 상세한 내용은 본문에 쓰지 않고 별첨에 쓴다.

구체적인 예

구체적인 예시를 들어 설명하겠습니다.

Before 수정 전

안건: 상위 공정 및 변경 관리의 강화에 대해

최상철 부장님, 시스템 개발1팀 김민호입니다.
지시하신 시스템 품질 강화의 건입니다만, 해결 방안이 검토되어 보고 드립니다.

요구사항 정의 절차에 대해 고객사 측의 의견을 들었습니다. 요구사항 정의 절차는 시스템 담당자가 필요한 기능이 무엇인지 대충 듣고, 리포트로 정리해서 관계자들을 모아 리뷰를 한 후 승인해서 받도록 되어 있었습니다.

다만 이후 요구사항을 변경할 때에는 담당자끼리 논의하여 요구사항을 추가하거나 변경해 그것이 결과적으로 설계 오류를 발생시키는 경우가 많은 것 같습니다.

설계 오류의 원인은 본래의 요구사항이 변경되면, 변경으로 인하여 영향을 줄 만한 다른 부분도 문제가 없도록 수정해야 합니다. 그러나 실제로 영향도 파악 등이 제대로 수행되고 있지 않아 로직 누락이 발생되고, 결과적으로 시스템에 큰 영향을 주고 있다는 결론에 도달했습니다.

그래서 해결 방안으로 요구사항을 추가하거나 변경할 때에도 신규 요구사항을 접수할 때와 같은 절차로 작업하도록 요구사항 변경 관리를 강화할 예정입니다.

 ① 문장의 성격과 그룹을 도출한다

문장의 성격과 그룹을 도출할 때에는 '② 결론과 그 이유를 맨 앞에 쓴다'는 사항까지 염두에 두고 문장을 검토합니다.

문장을 구조화하려면 먼저 문장의 성격에 주목합니다. 문장의 성격에는 주장, 이유, 개요, 상세, 원인, 결과, 목적, 수단 등이 있습니다.

같은 성격을 갖는 문장의 예시를 그림 2.5에 표시합니다.

그림 2.5 동일한 성격을 갖는 문장의 예시

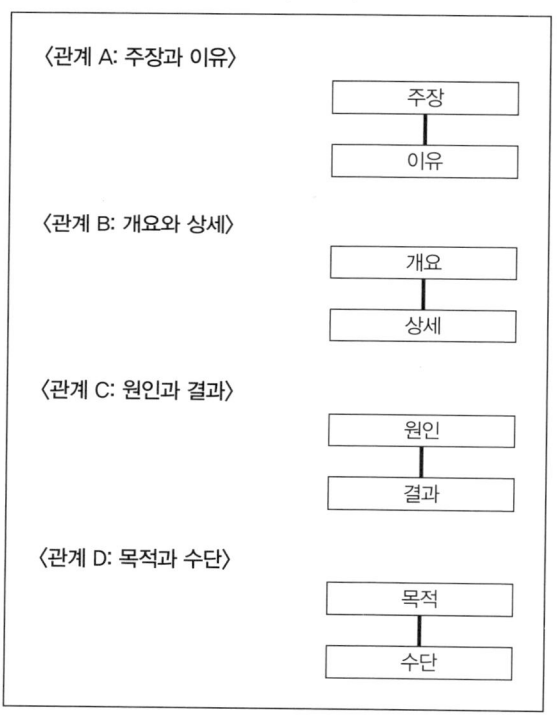

문장의 그룹화란 같은 성격의 내용들을 한데 묶어 정리하는 것입니다.

그룹화하기 위해 같은 성격의 문장을 발췌하고 문장마다 무엇을 말하고 있는지를 정리합니다. 앞의 예시 문장을 사용하여 문장의 성격과 그룹화의 관계를 정리해 보겠습니다.

문장 I

요구사항 정의 절차는 시스템 담당자가 필요한 기능이 무엇인지 대충 듣고, 리포트로 정리해서 관계자들을 모아 리뷰를 한 후 승인해서 받도록 되어 있었습니다.

↓

그룹 = 요구사항 정의 절차   성격 = 절차

문장 II

다만 이후 요구사항을 변경할 때에는 담당자끼리 논의하여 요구사항을 추가하거나 변경하고 있어서 그것이 결과적으로 설계 오류를 발생시키는 경우가 많은 것 같습니다.

↓

그룹 = 설계 오류   성격 = 원인의 가요

문장 III

설계 오류의 원인은 본래의 요구사항이 변경되면, 변경으로 인하여 영향을 줄 만한 다른 부분도 문제가 없도록 수정해야 합니다. 그러나 실제로 영향도 파악 등이 제대로 수행되고 있지 않아 로직 누락이 발생되고, 결과적으로 시스템에 큰 영향을 주고 있다는 결론에 도달했습니다.

↓

그룹 = 설계 오류   성격 = 원인의 상세

문장 IV

그래서 해결 방안으로 요구사항을 추가하거나 변경할 때도 신규 요구사항을 접수할 때와 동일한 절차로 작업하도록 요구사항 변경 관리를 강화할 예정입니다.

↓

그룹 = 설계 오류   성격 = 해결 대책의 개요

② 결론과 그 이유를 맨 앞에 쓴다
③ 개요와 상세는 분리한다
④ 소, 중, 대 항목의 계층을 설정한다

문장이 그룹화되었으면 ② 결론과 그 이유를 맨 앞에 쓰고, ③ 개요와 상세 내용은 분리하고, ④ 소, 중, 대 항목의 계층을 설정합니다.

결론인 '품질 개선의 방향'을 맨 앞에 쓰고 개요와 상세로 분리한 후 각각 대책과 이유라는 항목으로 계층 구조를 만듭니다. '품질 개선의 방향'이 대 항목, '개요'와 '상세'가 중 항목, '대책'과 '이유'가 소 항목이 됩니다.

```
1. 품질 개선의 방향          …… 대 항목
   (1) 개요                 …… 중 항목
      가) 대책               …… 소 항목
      나) 이유               …… 소 항목
   (2) 상세                 …… 중 항목
      가) 대책               …… 소 항목
      나) 이유               …… 소 항목
```

⑤ 너무 상세한 내용은 본문에 쓰지 않고 별첨에 쓴다

마지막으로, 너무 상세한 내용들은 별첨에 정리하여 첨부해야 합니다. 요구사항 정의 절차와 변경 관리 절차는 너무 상세한 내용이기 때문에 별첨으로 작성합니다.

After 수정 후

안건: 상위 공정 및 변경 관리의 강화에 대해

최상철 부장님, 시스템 개발1팀 김민호입니다.
지시하신 시스템 품질 강화의 건입니다만, 해결 방안이 검토되어 보고 드립니다.

1. 품질 개선의 방향
    (1) 개요
        가) 대책
            요구사항 정의에 대한 변경관리를 철저하게 수행한다.
        나) 이유
            현재 요구사항 정의에 대한 변경관리가 담당자에게만 맡겨져 있어 품질관리가 제대로 되고 있지 않다.
    (2) 상세
        가) 대책
            요구사항 추가 및 변경 시에도 신규 요구사항이 접수될 때와 동일한 방식으로 작업을 수행한다.
        나) 이유
            요구사항을 변경할 때 변경 관리가 제대로 되고 있지 않아 설계 오류가 발생하고 있다. 요구사항의 변경이 발생하면 본래 관련자들과의 리뷰나 관리자의 체크를 통해 품질을 확보하도록 되어 있는데, 담당자들끼리 논의하여 변경하고 있다. 그 결과 관련된 기능이나 다른 부분에 영향을 줄 수 있는지, 영향도 파악이 누락되어 시스템 장애로 연결되고 있다.

After 수정 후 [별첨]

별첨: '요구사항정의 절차'에 대해

〈요구사항 정의 절차〉

- 시스템 개발 부문의 담당자가 업무 담당자에게 필요한 요구사항(기능·비기능)이 무엇인지, 설명을 듣는다.
- 필요한 기능이 확정되면 시스템 개발 부분의 담당자가 요구사항 목록을 작성한다.
- 작성한 요구사항 목록을 기반으로 업무 부문과 시스템 개발 부문이 함께 회의를 개최하여 내용을 확인하는 리뷰를 실시하고, 잘못된 곳이 없는지 체크한다.
- 그리고 나서 업무 부문과 시스템 개발 부문의 책임자의 승인을 받는다.

연습문제

문장을 '1. 개요, 2. 상세'로 분리하고 동일한 성격을 갖는 문장으로 그룹화해 보세요.

Before 연습문제

안건: ABC전자 안수철 부장의 건

주현민 사업부장님 이만식입니다.
아래와 같이 보고 드립니다.

어제, ABC전자의 진척회의에 참석했는데 ABC전자의 안수철 부장이 상당히 화가 나 있었습니다. 그 이유는 '계약 금액이 높은' 것 때문이었습니다.

저희가 ABC전자에 제시한 견적은 4,000만 원이었는데, 금액이 어느 정도 높은 것인지 알려 달라고 말씀드렸더니 말이 되지 않을 정도로 높다고 말씀하시며 '1,000만원 정도밖에 예산이 없는데 그 정도로는 불가능한 것인지' 문의하셨습니다.

그래서 1,000만원은 도저히 불가능하고 사실 있을 수 없는 일이기에 저희 사정을 이해해 주셨으면 한다고 말씀드리자 '어떻게든 도입하고 싶으니 조정해 달라고' 하셨습니다.

여러 가지 상황을 계속 말씀 드렸는데, 결국 마지막에는 화를 내시면서 저와 얘기하고 싶지 않으니까 사업부장을 데리고 오라고 하여 이렇게 상황을 보고 드립니다.

검토 방법과 해답 예시

가: '1. 개요'의 기재 내용

개요에는 전달하고 싶은 내용을 간결하게 작성해야 하며 'I 누구에게', 'II 무엇을 전달할 것인가', 'III 왜, 그렇게 해야 하는가(이유)', 'IV 기타 중요 정보'를 배치합니다.

I 누구에게: 주현민 사업부장님께
II 무엇을 전달할 것인가: '안수철 부장이 사업부장과의 미팅을 원하고 있다'는 것을
III 왜, 그렇게 해야 하는가(이유): 당사에서 제시한 금액이 ABC전자의 예산을 초과하고 있어 가격을 조정하기 위한 협상을 원하고 있기 때문에
IV 기타 중요 정보: 안수철 부장이 감정이 상해 있다.

내용 중 I과 II를 '1. 개요'의 맨 앞에 배치합니다. 그리고 'III 이유'와 'IV 기타 중요 정보'에 대해서는, '(1) 이유'와 '(2) 고객사의 상황'으로 그룹화하여 각각 배치합니다.

나: '2. 상세'의 기재 내용

상세도 그룹화해 봅시다. 여기에서는 개요의 분류와 마찬가지로 '(1) 이유(상세), (2) 고객사의 상황(상세)'으로 분리하여 상세 내용을 기재합니다.

After 해답 예시

안건: ABC전자 안수철 부장의 건

주현민 사업부장님 이만식입니다.
아래와 같이 보고 드립니다.

1. 개요

ABC전자의 안수철 부장이 계약 금액의 건으로 주현민 사업부장님과의 미팅을 원하고 있음.

   (1) 이유

   당사에서 제시한 견적 금액이 고객사의 예산을 초과하고 있어 가격 조정을 원함.

   (2) 고객사의 상황

   당사에서 제시한 견적 금액이 납득되지 않는다며 감정이 상해, 주현민 사업부장과 직접 협의하고 싶다고 함.

2. 상세

   (1) 이유(상세)

   어제 ABC전자와의 진척회의에 참가했는데 안수철 부장이 '계약금액이 높다'고 강력하게 주장함(기분이 나빠 있는 상태임). 당사에서 제시한 견적은 4,000만 원임. 어느 정도 초과가 되었는지 확인하려고 하자 '말할 수 없을 정도로 높다'고 하며, '1,000만원 정도밖에 예산이 없기 때문에 그 정도 예산으로 도입하고 싶다'고 주장함.

   (2) 고객사의 상황(상세)

   당사도 그렇게까지는 도저히 조정이 불가능하므로 이해해 주었으면 한다고 얘기하자, '어떻게든 도입하고 싶으니 조정해 달라'고 요청. 이후 협상이 계속 평행선이 되어 마지막에는 화를 내면서 저와 얘기하고 싶지 않다며, 사업부장을 데리고 오라는 의뢰를 받음.

2-4 이해하기 쉽게 쓰기

7가지 기술 ④

POINT! 쉬운 말로 바꾸거나 각주 등을 사용하여 이해를 돕는다.

이해하기 쉽게 문장을 작성하려면 독자로 하여금 문장의 내용을 명확하게 이해할 수 있도록 도와 주어야 합니다. 그러기 위해서는 '쉬운 말로 바꾸는 것'이 중요합니다.

이것을 활용해 봅시다!

이해하기 쉽게 작성하려면 다음의 5가지 항목이 있습니다. 5가지 항목에 맞춰 구체적인 예시를 들어 가며 이해하기 쉬운 문장을 작성하는 방법을 설명하겠습니다.

이해하기 쉽게 작성하기 위해 필요한 5가지 사항
① 한마디로 요약한다
② 어려운 단어를 바꾼다.
③ 용어를 정의한다.
④ 각주나 괄호를 사용한다.
⑤ 구체적인 예시를 열거한다.

① 한마디로 요약한다

긴 문장을 읽다 보면 도대체 무슨 내용인지 이해가 되지 않을 때가 많습니다. 그래서 한마디로 내용을 요약해 봅시다.

예제1

시스템 이행 시에는 각 작업의 타임 스케줄, 실패 시의 복구 처리, 성공 시의 전환 이후 처리 등, 각 작업에 대해 사전에 철저하게 검토하여 관련자들과 공유하는 것이 주요 핵심이다.

↓ (한마디로 요약하기)

시스템 이행 시에는 사전 준비를 철저히 하여 관련자들과 공유하는 것이 핵심임

예제2

애자일 개발방법론의 장점은 이용자가 기능을 직접 조작하고 사용해 봄으로써 이용자의 편의성이 충분히 고려되었는지 사전에 시스템 조작 요건을 명확히 파악할 수 있으며, 개발부문도 시스템이 가동되고 나서 '시스템 조작이 너무 어려워서 사용할 수 없다'는 불평을 듣지 않게 됨은 물론 재 작업이 줄어 들게 되어 개발 생산성을 향상시킬 수 있다는 점이다.

↓ (한마디로 요약하기)

애자일 개발방법론의 장점으로 아래 2가지를 들 수 있다.
① 이용자에게 직접 기능을 사용하게 하여 각 기능별 조작의 편의성을 초기에 확인할 수 있다.
② ①에 의해 재작업이 줄어 들어 개발 생산성이 향상된다.

② 어려운 단어를 바꾼다

어려운 단어, 전문용어, 소속한 조직에서 밖에 통용되지 않은 단어도 바꿔 봅시다. 예를 들면 시스템 개발에 관한 용어는 다음과 같이 바꿀 수 있습니다.

예제

- 요건 정의
  ⇒ 시스템에 필요한 조건 즉, 기능적인 요건과 비기능적인 요건들을 정의하여 개발 부문에 제대로 전달하기 위한 일련의 작업

- 설계
  ⇒ 정의된 요건을 받아 시스템에 반영하기 위해 수행하는 각종 작업. 입출력 화면 설계, 보고서 설계, 데이터베이스 설계, 기능 설계 등

- 테스트
  ⇒ 개발한 프로그램이나 시스템의 기능이 올바르게 동작하는지, 테스트 데이터를 입력하면서 검증하는 작업

- 리뷰
  ⇒ 정의한 요건이나 고민해서 만든 시스템 설계 내용을 체크하기 위한 일련의 작업

- RFP
  ⇒ 제안요청서. 시스템 공급업체나 용역업체 등, 제안업체들에게 제안 요청을 하는 것으로 시스템에 대한 요구사항을 체계적으로 정리한 문서

- 리그레션(회귀)
  ⇒ 시스템 변경 시 수정한 부분이 수정 의도가 없는 다른 부분까지 악영향을 미치는 것

③ 용어를 정의한다

전문 용어나 독자적인 언어는 정의하고 나서 사용합니다. 가령, 다음과 같이 독자적인 용어나 용어 자체가 구체적이지 않고 통칭해서 사용할 경우에는 미리 용어 정의를 하고 나서 사용합니다.

예제1

올해는 '시스템 주변계'와 '시스템 툴계', 2가지 체제를 강화한다.

↓ (정의)

올해는 아래 2가지 체제를 강화한다.

① 시스템 주변계
　⇒ 개발에 필요한 조직체제, 작업절차, 스킬 등
② 시스템 툴계
　⇒ 테스트 케이스 및 테스트 데이터 자동생성 툴, 시스템 개발 지원 툴 등

예제2

올해는 품질 확보를 위해 품질개선 활동에 투자한다.

↓ (정의)

올해는 품질 확보를 위해 품질개선[※] 활동에 투자한다.

※ 품질개선은 요건정의 표준화, 리뷰 표준화, 테스트 표준화 이 3가지를 활동 범위로 한다.

④ 각주나 괄호를 사용한다

어려운 단어나 용어, 추가로 보충 설명이 필요한 단어에 형용사나 부사 등을 앞에 붙이면 의미 파악이 더 어려워집니다. 그래서 별표 및 각주, 괄호를 사용하여 간단하게 보충 설명을 하는 편이 좋습니다.

> **예제**
>
> 수정한 부분이 의도치 않게 수정하지 않은 부분에까지 악영향을 미치고 있지 않는가 확인하기 위한 리그레션 테스트를 진행해야 하기 때문에, 과거의 테스트 케이스 및 테스트 데이터를 정리하여 데이터베이스에 조속히 적용해야 합니다.
>
> ↓ (*를 사용한다.)
>
> 리그레션 테스트*를 진행해야 하기 때문에 과거의 테스트 케이스 및 테스트 데이터를 정리하여 데이터베이스에 조속히 적용해야 합니다.
>
> ※ 수정한 부분이 의도치 않게 수정하지 않은 부분에까지 악경향을 미치고 있지 않는가 확인하기 위한 테스트

 ⑤ 구체적인 예시를 열거한다

추상적인 단어나 용어는 이해하기 어렵기 때문에 필요에 따라 구체적인 예를 기술합니다.

예제

시스템 개발 시 팀원 간의 인간관계가 원만하지 않고 커뮤니케이션 또한 원활하지 않으면, 공유가 많이 필요한 특정 프로그램은 오류가 발생하기 쉽습니다.

↓ (구체적인 예를 사용한다)

시스템 개발 시 팀원 간의 인간관계가 원만하지 않고 커뮤니케이션 또한 원활하지 않으면 공유가 많이 필요한 특정 프로그램, 예를 들어 데이터베이스나 공통 라이브러리 등에서 오류가 발생하기 쉽습니다.

연습문제

다음의 문장을 이해하기 쉬운 문장으로 수정해 보세요.

Before 연습문제

안건: 판매시스템 오류에 대해

개발팀 이상수입니다.

최근 판매시스템에 지속적으로 오류가 발생하고 있어 문제가 많다고 생각합니다. 먼저, 데이터 항목의 네이밍이 나쁘다는 점입니다.

원래 데이터 항목은 그 데이터가 무엇을 의미하고 있는지 직감적으로 알 수 있도록 명칭을 제대로 명명해야 하는데, 판매 시스템을 지금까지 계승해 오는 과정에서 명칭이 제각각 개발자의 취향대로 만들어져, 현재 데이터 항목명만으로는 의미를 파악하기 어려운 상황입니다.

그래서 경험이 적은 사람이 시스템을 변경하면 데이터의 의미를 제대로 이해하지 못한 채 데이터의 항목명만 보고, 시스템을 잘못 변경하는 경우가 발생하고 있습니다. 이것을 방지하기 위해서는 데이터베이스를 다시 만들어야 하지만 데이터 항목을 수정하면 프로그램에도 영향을 미쳐 작업 양이 늘어나므로, 당분간 주의를 기울여서 수정하는 수밖에 없다고 생각합니다.

검토 방법과 해답 예시

문장의 최종 주장(결론)은 '판매시스템의 변경 작업은 데이터베이스에 주의해서 수행해야 한다'입니다.

- 최근 판매시스템은 지속적으로 오류가 발생하고 있다.

  ↓ (대책)

- 당분간 주의를 기울여서 데이터베이스를 수정한다.

  ↓ (이유〈원인〉)

- 원인은 데이터 항목의 네이밍이 나쁘기 때문임. 근본 해결책인 데이터베이스 수정은 기존 시스템에 많은 영향을 미치기 때문에 당장은 곤란하다.

  ↓ (최종 주장)

- 데이터베이스를 수정하기 전까지는 각별히 주의를 기울여서, 유지보수를 할 수밖에 없다.

이슈와 대책을 맨 앞으로 가져 오고 이유를 그 뒤에 배치하는 구조로 수정합니다. 그리고 오류의 근본 원인인 '데이터 항목의 네이밍이 나쁘다는 점'이라는 문구에 대한 설명이 필요하기 때문에 ※으로 본문 밖에 작성합니다.

After 해답 예시

안건: 판매시스템 오류에 대해

개발팀 이상수입니다.

1. 이슈와 대책

판매시스템에 오류가 빈번하게 발생하고 있기 때문에 당분간 데이터베이스 변경에 주의를 기울여서 시스템을 유지보수 해야 합니다.

2. 이유(원인)

정보를 저장할 데이터 항목의 네이밍이 나쁘기[※] 때문입니다. 데이터베이스를 수정하는 것이 근본 대책이지만, 기존 프로그램에 많은 영향을 미칠 것으로 예상되어 지금 당장 대응하기는 어렵다고 생각합니다.

※ 데이터 항목의 네이밍이 나쁜 점

데이터 항목은 내용을 표현하는 명칭(예를 들면 계약 마감일자 등 의미와 데이터 속성을 알 수 있는 것)으로 명명해야 하는데 그렇게 되어 있지 않습니다. 판매시스템을 계승하는 과정에서 명명 규칙이 지켜지고 있지 않았다고 생각됩니다.

2-5 생략 없이 정확하게 쓰기
7가지 기술 ⑤

POINT! 생략하지 말고 정확하게 표현한다.

상대방이 이해하기 쉽게 문장을 작성하려면 '생략 없이 정확하게' 작성해야 합니다. 자신이 잘 아는 내용이라고 생략하거나 불명확하고 애매한 내용을 써서 혼선을 초래하지 않도록 합니다.

 이것을 활용해 봅시다!

'생략 없이 정확하게' 작성하려면 다음의 5가지 사항이 있습니다. 이것을 바탕으로 구체적인 예를 들어 가며 생략 없이 정확하게 문장을 작성하는 방법을 알아봅니다.

> **생략 없이 정확하게 작성하기 위해 필요한 5가지 사항**
> ① 생략하지 않는다.
> ② 주어나 주체를 명확히 쓴다.
> ③ 무의미한 정보나 불명확한 정보를 기재하지 않는다.
> ④ 애매한 내용을 쓰지 않는다.
> ⑤ 미결, 기결, 액션 플랜을 명확히 한다.

① 생략하지 않는다

이해하기 쉽게 쓰려면 함부로 생략하지 말아야 합니다. 생략이란 본래 기재해야 할 내용을 '쓰지 않는 것'입니다. 일반적으로 독자와 작성자는 정보의 양이나 지식의 양이 다르기 때문에 함부로 생략하면 이해할 수 없는 문장이 됩니다.

일반적으로 작성자는 업무를 담당하고 있는 사람이고 내용을 잘 알고 있는 사람이지만 독자는 그렇지 않습니다. 독자는 작성자가 무엇을 하고 있는지, 지금이 어떤 상태인지, 무엇을 하려고 하는 것인지 모르기 때문에 생략된 보고서를 읽게 되면 의문만 남습니다. 그래서 적절하게 괄호를 사용하여 내용을 보충하거나 각주로 설명을 넣는 등 독자가 '이해하기 쉽게' 배려해야 합니다.

예를 들어 시스템 개발에 앞서 사용자 인터페이스 설계에 관한 문서를 작성할 때 설계 문서를 작성한 사람만이 이해할 수 있는, '반드시 이해해야 할 사람'이 도무지 이해되지 않는 문장을 보게 됩니다.

아마도 설계 문서를 작성하라고 상사가 지정한 사람은 그 설계를 담당하고 있는 사람일 것입니다. 지정된 사람은 '시간도 없고, 자신이 쓰지 않으면 안 되니까 일단 써 보자'고 자신이 알고 있는 내용을 대충 생략하거나 요약하여 작성했을지도 모릅니다.

다음의 문장을 통해 생략 없이 작성하는 법을 간략히 살펴봅니다.

Before 수정 전

테스트는 ○○일부터, AA기능… 생략……××기능까지 실시했으면 합니다.

IT엔지니어에게 테스트의 목적과 효과는 너무나 상식적인 것입니다. 그러나 시스템 개발 지식이 없는 사람에게는 그렇지 않습니다. 즉, 어떤 사람에게는 지극히 상식적이고 당연히 알고 있다고 여겨지는 것들이 다른 어떤 사람들에게는 상식적이지 않을 수 있습니다. 상식적이고 당연한 내용이라 생각했던, 어쩌면 중요할지도 모르는 내용을 생략하면 전혀 이해할 수 없는, 알 수 없는 문장이 됩니다. 이것을 논리학의 세계어서는 '전제의 차이'라고 말합니다.

만일, 전제가 같다면(IT 엔지니어끼리), 테스트의 목적과 효과는 생략을 해도 서로 이해가 될 수 있겠지만 전제가 다른 사람들 사이에서라면 생략은 설득력을 떨어뜨리는 주요 원인이 됩니다. 중요한 것은 '생략하지 않는 습관'을 갖는 것입니다. 당연한 것일지라도 '반드시 써야 한다'는 기본적인 자세가 문장력을 향상시키는 관건입니다. 이를 바탕으로 위의 문장을 고쳐 봅시다.

After 수정 후

테스트는 구축한 시스템의 동작이 올바른지 검증하는 단계입니다.
테스트를 원활하게 진행하기 위해 ○○일부터 AA기능… 생략……××기능까지를 먼저 실시할 예정이니 양해 바랍니다.

이렇게 쓰면 테스트를 모르는 독자도 이해할 수 있게 됩니다. 자신은 '생략하지 않고' 썼다고 생각할지도 모릅니다. 작성자는 이미 알고 있는 내용을 무의식적으로 '생략하는' 습성이 있기 때문입니다. 이것을 바꾸기 위해서는 일부러 의식적으로 체크하지 않으면 어렵습니다.

의식적으로 체크하기 위한 방법을 몇 가지 소개합니다. 체크 방법에는 '다른 사람의 힘을 빌리는 방법'과 '스스로 주의하는 방법'이 있습니다.

[방법 ①] 제삼자에게 검토(리뷰)를 요청한다

가장 편리한 방법은 제3자에게 '생략'된 부분을 지적해 달라고 하는 것입니다. 단, '전제'가 같은 업무를 수행하고 있는 사람이면 의미가 없기 때문에 주의해 주세요.

고객용이라면 당연히 고객 담당자에게 보여주어야 합니다. 인간관계가 돈독한 고객의 담당자(일정의 업무 경험을 함께 하고 있는 사람)에게 사정을 얘기하고 문장을 적극적으로 검토받을 수 있다면 상당히 효과적입니다. 고객 담당자의 사전 점검은 지금까지 신경 쓰지 못했던 고객의 시점에서 바라볼 수 있다는 장점도 있습니다.

[방법 ②] 체크리스트를 사용한다

스스로 주의하는 데 효과적인 방법 중 하나는 체크리스트를 사용하는 것입니다. 고객 측의 담당자나 상사의 업무 내용, 시스템 개발 경험, IT 지식 등을 고려하여 자신이 작성한 문장에 문제가 없는지를 체크할 수 있는 목록을 준비합니다. 그리고 문장 중에 IT 용어와 시스템 개발 작업 특유의 개념(요건·요구사항 정의, 설계, 테스트 및 마이그레이션) 등이 있으면 이를 이해하기 쉽게 말을 바꿀 수 있도록 설명을 추가합니다.

처음에는 상당히 귀찮을 수도 있는 방법입니다. 점차 익숙해지면 의식하지 않아도 어느새 알기 쉬운 문장을 쓰고 있는 자신을 발견할 수 있게 될 것입니다.

즉, 어떤 방법이든 생략하지 않고 알기 쉽게 설명하려는 노력을 하다 보면 이것이 습관이 되어 결과적으로 문장 작성 능력이 향상됩니다.

② 주어나 주체를 명확히 쓴다

한국어는 주어를 생략할 수 있는 편리한 언어이지만 대신 주체를 나타내는 단어를 명확히 쓰지 않으면 문장이 상당히 난해해져 주의해야 합니다. '누가', '무엇을 말하고 싶은지', 또 '나에게 해당되는 것인지', '상대에게 해당되는 것인지' 주체를 생략하지 말고 명확하게 써야 합니다.

다음의 문장을 봐 주세요.

Before 수정 전

> 이후 미팅은 다음 주 수요일 정도로 이야기됐는데, 그날은 고객사 담당자가 일정이 안 될 것 같다고 하여 재조정을 하고자 하였으나, 결국 그 장소에서는 결정되지 못하고 나중에 일정을 조정하자고 협의되었습니다.

문장에서는 나중에 일정 조정은 누가 할 것인지, 행동 주체가 누구인지 알 수가 없기 때문에 문장의 내용이 명확하지 않습니다. 그래서 다음과 같이 주어와 행동, 관계자를 명확하게 기술해야 합니다.

After 수정 후

△△까지, 당사의 ○○가 고객사의 ××씨와 일정을 조정하는 것으로 합의했습니다.

 ③ 무의미한 정보나 불명확한 정보를 기재하지 않는다

문장은 길게 쓰면 좋지 않습니다. 그래서 문장 전체와 그다지 관련이 없는 내용을 쓰지 않도록 주의합시다.

무의미한 정보의 예시

어제는 공교롭게도 비가 와서 교통 체증으로 30분 늦게 도착했습니다. 그래서 처음에는 고객사가 조금 화가 난 것 같았습니다만, 마지막에는 분위기 좋게 끝났습니다.

이와 같이 과정을 잡담처럼 늘어놓으면 말하고 싶은 것이 무엇인지 도무지 알 수가 없습니다. 즉, 전체 문장과 관련이 없는 내용이 무의미하게 나열된 문장은 이해하기 어렵고 본문의 취지나 설득력을 떨어뜨리기 때문에 의미가 없는 중간 과정이나 중요하지 않은 프로세스 등은 배제합니다.

불명확한 정보의 예시

상대 고객사의 부장이 바뀐다는 이야기도 나오고 있어, 부장이 바뀔 경우 당사의 지금 체제로는 대응이 어려운 부분이 있다고 생각됩니다. 그래서 긴급한 대책이 필요할 것 같습니다.

이 내용도 상대 고객사의 부장이 바뀔지도 모른다는 정보를 근거로 판단을 해 달라고 기재되어 있습니다만 근거가 불확실합니다. 그래서 설득력이 떨어지는 문장입니다.

 ④ 애매한 내용을 쓰지 않는다

추상적인 표현은 가능한 한 배제해야 합니다. 추상적인 표현이란 '너무 많다', '꽤 곤란하다', '상당히 시간이 걸린다' 등의 표현을 말합니다.

구체적인 예를 들어 보겠습니다.

- 꽤 많다.
- 비용이 빠듯하다.
- 일정이 힘들다.
- 너무 엄격하다.
- 현실적이지 않다.
- 현저하게 곤란하다.
- 어렵고 리스크가 크다.
- 꽤 위험하다.

- 참을 수 없을 만큼 업무량이 많다.
- 실제로 불가능하다.
- 완전히 똑같다.

　이러한 표현들은 의사결정을 목적으로 하는 문장에는 치명적이며 독자가 의사결정권자라면 화를 제공하는 원인이 되기도 합니다.

　정확하고 구체적인 기간, 비용, 규모 등을 말할 수 없기 때문에 이와 같은 표현으로 대충 넘어가려고 할 때 대부분 이렇게 작성합니다. 결정을 해야 할 사람이 판단할 수 있는 근거를 찾을 수 없어 오히려 곤란한 상황만 만들게 됩니다. 물론 완벽하게 시간, 비용, 규모를 말할 수 없을 때도 있습니다. 그러나 그것이 모호한 표현을 사용해도 좋다는 이유가 되지는 않습니다.

⑤ 미결, 기결, 액션 플랜을 명확히 한다

　협상을 위한 보고서 및 회의록은 '미결, 기결, 마감일' 등의 '액션'을 명확하게 작성해야 독자의 이해를 한층 명확하게 도와줍니다.

　예를 들어 '보류 항목, 결정 사항, 완료 시기'를 목록화 하고 '향후 행동 계획(액션 플랜)'을 수립하는 것입니다.

　다음의 문장을 보세요. 매우 애매해서 액션 플랜으로는 좋지 않은 예입니다.

Before 수정 전

이후 미팅은 다음 주 수요일 정도로 이야기됐는데, 그 날은 고객사 담당자가 일정이 안될 것 같다고 하여 재조정을 하고자 하였으나, 결국 그 장소에서는 결정되지 못하고 나중에 일정을 조정하자고 협의되었습니다.

문장을 다음과 같이 수정해 보겠습니다.

After 수정 후

어제, 상대 고객사의 OO씨와 협의를 했습니다만 이후 미팅 일정을 잡지 못했습니다.[※] 그래서 제가 직접 고객사와 다시 일정을 조정하여 아래와 같이 결정했습니다.

- 일정: 5월 23일 15:00~17:00
- 참석자: 김민석, 송찬희, 여진경
- 장소: 당사 209호 회의실

※ 다음 미팅은 다음 주 수요일로 논의됐으나 고객사 담당자의 일정이 여의치 않아 결정하지 못함.

이와 같이 쓰면 독자도 이후의 행동을 예측할 수 있고 안심할 수 있습니다.

연습문제

모호한 표현을 찾아 명확하고 알기 쉽게 수정해 주세요.

Before 연습문제

안건: 매입할 상가 매장 확인 결과에 대해

이건우입니다. 아래와 같이 보고 드립니다.

1. 확인 결과
   - 크기는 너무 크지도 작지도 않은 정도로, 역에서 매장까지 도보로 오기에는 꽤 멀어서 고객이 상당히 힘들어 할 것 같고, 역 앞에서 손님을 모아 매장으로 유도하기도 그다지 쉽지 않아 보이는 등, 고객 입장에서는 꽤 번거롭고 고생이 될 것으로 보입니다.

2. 느낀 점
   - 고객이 매장까지 오는데 시간이 많이 걸리고 고객 유치도 어려울 듯 하여, 그다지 가치가 없다고 생각됩니다.

검토 방법과 해답 예시

이 문서는 기본적으로 '한 문장이 길다', '추상 표현이 많다', '객관성이 결여되어 있다'고 할 수 있습니다.

문장을 적절한 길이로 자르고 객관적인 수치 데이터와 감상이나 의견을 분리해서 써 봅시다. 이렇게 하면 독자의 이해도를 높이고 오해를 줄일 수 있습니다.

After 해답 예시

안건: 매입할 상가 매장 확인 결과에 대해

이건우입니다.
아래와 같이 보고 드립니다.

1. 매장 크기

평수 ○○, 마루 면적 ○○, 총용적 ○○임(상세 수치는 첨부파일 참조).
크기는 당사의 일반 매장과 동등하다고 판단됨.

2. 입지 여건

가장 가까운 역(○○)에서 도보로 10분, ○○ 미터임. 여러 번 모퉁이를 돌아가야 해서 체감적으로는 10분 이상 걸리는 것처럼 느껴짐.

3. 고객 모집 문제 (개인 의견)

이 입지 조건은 역 앞에서 고객을 모집해서 매장으로 유도하기 어려운(역에서 점포까지 가는 길이 헤매기 쉽다) 지리적인 조건으로 고객 유치에 고전할 것으로 보임.

위의 사항을 고려해 볼 때 당사의 기존의 매장 대비 더 불리한 조건의 매장으로 생각됩니다.

2-6 단문으로 쓰기

7가지 기술 ⑥

POINT! 가능한 한 단문으로 작성한다.

상대에게 전달하는 문장은 짧은 시간에 내용을 이해시킬 수 있어야 합니다. 이를 위해서는 쓸데없이 긴 문장이 되지 않도록 접속사나 수식어 등을 최대한 줄이고, 쉬운 말로 바꿔 쓰거나 기호나 도표 등을 사용하여 간결하게 표현해야 합니다.

이것을 활용해 봅시다!

단문으로 글을 쓰려면 다음의 5가지 사항이 있습니다. 이를 바탕으로 구체적인 예를 들어 단문으로 전달하기 위한 문장 작성 방법을 설명하겠습니다.

단문으로 전달하는 문장을 쓰기 위해 필요한 5가지 사항

① 조사, 형용사, 수식어 등을 배제한다.
② 기호화한다.
③ 각주로 처리하고 본문에서 제외한다.
④ 수동 표현을 능동 표현으로 바꾼다.
⑤ 그림이나 표로 치환한다.

① 조사, 형용사, 수식어 등을 배제한다

수식어를 사용하면 작성자는 편리하지만 독자는 이해하기 어려울 수 있어 주의해야 합니다.

주어와 동사 사이에 수식어가 들어가면 주어와 동사의 관계(= 누가 무엇을 할 것인지/했는지/하고 싶은 것인지)를 이해하기가 어려워집니다. 또한 수식어는 접속사로 내용을 얼마든지 넣을 수 있기 때문에 수식어를 좋아하는 사람은 단어 앞에 많은 수식어를 넣어 긴 문장을 만들기도 합니다.

예를 들어 보겠습니다. 고객에게 의뢰했던 다음의 문장을 봐 주세요.

Before 수정 전

1. 시스템 요건 확인에 대해
귀사의 주문관리 웹 사이트 구축과 관련하여 업무 부문과 기획 부문의 정확한 요구사항을 당사가 확실하게 파악할 수 있도록 각 부문의 담당자를 인터뷰하고자 합니다.

문장의 요지는 '인터뷰를 하고 싶다'는 것입니다. 그런데 인터뷰 요청까지 긴 수식어와 인터뷰가 필요한 이유 등이 있어 산만한 느낌을 줍니다.

문장을 분해하면 '인터뷰를 하고 싶다'가 주장이고, '요구사항을 확실하게 파악할 필요가 있다'가 이유입니다. 그리고 '업무 부문과 기획 부문의 담당자'가 인터뷰의 대상이 됩니다. 다음과 같이 수정하면 깔끔해집니다.

> **After 수정 후**
>
> 1. 시스템 요건 확인에 대해
> 주문관리 웹 사이트 구축과 관련하여 인터뷰를 요청합니다.
> → 귀사의 요구사항을 확실하게 파악하기 위함.
> → 대상: 업무 부문과 기획 부문의 담당자

하나의 문장에 주장, 이유, 수식어, 목적어 등이 불규칙하게 섞여 있으면 전달하려는 주요 취지가 무엇인지 여러 차례 읽어 보아야 합니다.

이렇게 문장이 길고 복잡하면 독자는 짜증이 나기 시작하고 문장에 있는 내용과는 무관하게 문장의 표현 자체에 화가 나서 상대에게 제대로 전달되지 않을 수 있기 때문에 피해야 합니다.

 ② **기호화한다**

문장을 기호로 표현하면 문장을 간략하게 할 수 있습니다. 여기에서는 '→'(화살표) 또는 '='(등호) 등의 기호를 사용해 보겠습니다.

비즈니스 문서 특히, 기획서나 보고서는 키워드 간의 관계를 기호로 표현해야 할 때가 있습니다. 비즈니스 문서는 키워드와 키워드를 연결할 때 조사나 접속사 등은 그다지 '사용하지 않는다'고 해도 과언이 아닙니다.

키워드 간의 관계는 쉬운 말로 바꾸거나 이유를 쓸 때 주로 사용하며 여기에서는 과감히 '→', '=' 등으로 대체하는 방법을 살펴봅니다.

표현 규칙
- 키워드 간의 관계를 화살표로 연결한다.
- '원인→결과', '이유→주장', '개요→상세', '문제→해결책', '구성물→물체' 등으로 관계를 표현한다(단, 직감적으로 알 수 있는 범위 내에서 사용할 것).

표현 규칙에 따라 다음의 문장을 간결하게 만들어 봅시다.

Before 수정 전

시스템 장애의 원인은 분기 로직의 누락에 있습니다. 담당자가 데이터 항목의 의미를 제대로 파악하지 못해서 발생한 것으로, 앞으로는 리뷰를 통해 철저하게 체크하도록 함으로써 재발을 방지하고자 합니다.

문장을 위의 표현 규칙을 사용하여 간결하게 수정하면 다음과 같습니다.

아래 예시의 괄호 안의 원인, 결과, 해결책 등은 설명을 하기 위해 넣은 것이므로 실제 문장을 작성할 때는 필요하지 않습니다.

After 수정 후

시스템 장애(결과) ← 분기 로직의 누락(원인) ← 데이터 항목의 의미 파악이 잘못됨(원인)

↓ (해결책)

재발 방지(목적) ← 리뷰를 통해 철저하게 체크(수단)

시스템을 이미 알고 있는 사람에게 하는 보고라면, 이렇게 기호로 표현하는 것만으로도 충분히 전달될 수 있으며 보다 직관적으로 이해할 수 있도록 도와줍니다. 키워드가 한눈에 들어오고 키워드들이 관련성 있는 것끼리 화살표로 연결되어 있기 때문에 빠르게 인지됩니다.

 ③ 각주로 처리하고 본문에서 제외한다

'③ 각주로 처리하고 본문에서 제외한다' 기법은 이미 여러 번 설명하고 사용했기 때문에 여기에서는 한 가지 예만 들어 보겠습니다.

예제

> 운영 중인 시스템을 변경할 때는 수정하려는 의도가 없는 부분에도 악영향을 미칠 수 있는 디그레이드(품질 악화)를 주의해야 합니다.
>
> ↓ (각주를 사용한다)
>
> 운영 중인 시스템을 변경할 때는 디그레이드[㈜]에 주의해야 합니다.
>
> ㈜: 시스템 변경 시 수정하려는 의도가 없는 부분에도 악영향을 미치는 것

 ④ 수동 표현을 능동 표현으로 바꾼다

수동 표현은 설득력이 없다고 이미 설명했습니다만, 문장도 길어지기 때문에 문장을 간결하게 하려면 능동 표현을 사용하는 것이 좋습니다. 또한 체언(명사, 대명사)을 사용하지 않으면 조사를 사용할 필요가 없어 문장이 더욱 간결해집니다.

예제1

데이터베이스의 결함으로 인해 장애가 발생하게 되었습니다.(26자)

↓ (능동 표현)

데이터베이스 결함으로 장애가 발생했습니다.(20자)

예제2

리뷰의 운영 방식이 좋지 않게 되어 있어 시스템 품질에 악영향이 초래되고 있었습니다.(37자)

↓ (능동 표현)

리뷰 운영 방식이 좋지 않아 시스템 품질에 악영향을 초래했습니다.(28자)

 ⑤ 그림이나 표로 치환한다

문장을 그림, 도식, 표로 치환하는 것도 효과적입니다.

Before 수정 전

최근 디지털 트랜스포메이션(DX)의 발전으로 인해 비즈니스 모델이 대부분 디지털 기술을 전제로 구축되기 때문에, 비즈니스를 알고 있는 IT인재가 많이 필요하여 인재 육성이 시급해지고 있습니다. 당사는 디지털 기술을 능숙하게 구사할 줄 알고 비즈니스 모델을 이해하고 있는 인재 육성을 서둘러야 한다고 생각합니다.

이것을 그림으로 표현하면 다음과 같습니다.

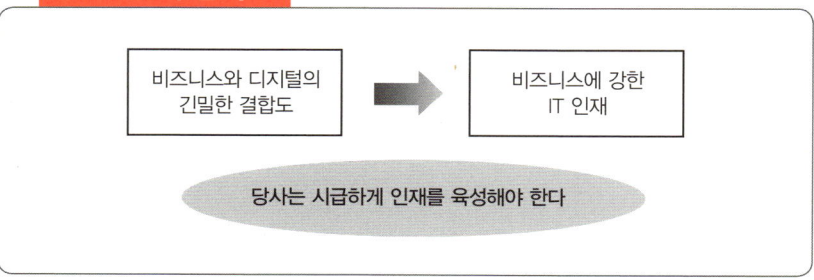

연습문제

다음 문장을 기호를 사용하여 간결하게 만들어 봅시다.

Before 연습문제

시스템 개발에서 공유할 도큐먼트(데이터 항목 설명서, 공통 모듈 설명서 등)는 항상 최신으로 관리해야 합니다.
도큐먼트가 최신으로 업데이트되어 있지 않으면 잘못된 내용으로 작업을 하게 되어 시스템이 정확하게 동작하지 않는 경우가 발생하기 때문입니다.

검토 방법과 해답 예시

결론은 '공유할 도큐먼트는 항상 최신 버전으로 업데이트해야 한다'는 것입니다. 그리고 공유할 도큐먼트의 종류는 ※(위 첨자)를 사용하여 본문 밖에 기재합니다.

'도큐먼트를 최신 상태로 업데이트하지 않으면 잘못된 내용으로 작업을 하게 되어 시스템이 정확하게 동작하지 않는다'는 것은 이유에 해당합니다. 이러한 관계를 기호로 표현하면 해답 예시와 같습니다.

After 해답 예시

공유할 도큐먼트[※]는 항상 최신으로 업데이트해야 한다.
↑
도큐먼트가 최신으로 업데이트되고 있지 않다.
  → 잘못된 내용으로 작업하게 된다.
  → 시스템이 정확하게 동작하지 않는다.

※ 시스템 개발에서 사용하는 데이터 항목 설명서, 공통 모듈 설명서 등

2-7 7가지 기술 ⑦
감정에 호소해서 쓰기

POINT! 상대의 감정에 어필할 수 있는 문장을 작성한다.

좋은 글을 쓰기 위해서는 독자의 마음·감정에 호소하는 등 심리적인 접근도 필요합니다. 특히 '설득', '의뢰', '거절', '어필' 등의 문장은 논리성과 이해도도 중요하지만 상대방의 감정에 호소하는 것도 중요합니다.

사람은 감정을 갖고 있기 때문에 글에 감동하는 경우도 많습니다. 이점을 잘 활용하여 감정에 호소하는 문장을 작성해 봅시다.

 이것을 활용해 봅시다!

감정에 호소하는 문장을 작성하려면 다음의 5가지 사항이 있습니다. 이것을 바탕으로 구체적인 예를 들어 감정에 호소하는 문장 작성 방법을 설명하겠습니다.

감정에 호소하는 문장을 작성하기 위해 필요한 5가지 사항

① 감정을 자극하는 칭찬을 한다.
② 의욕을 보인다.
③ 비판, 반론을 먼저 스스로 언급한다.
④ 선택 효과를 사용한다.
⑤ 대비 효과를 사용한다.

① 감정을 자극하는 칭찬을 한다

상대의 협력이나 설득이 필요할 때 상대를 존경하는 마음을 표현함으로써 목적을 달성하는 방법이 있습니다. 사람은 칭찬을 받으면 기분 좋으라고 하는 소리인 줄 뻔히 알고 있으면서도 그다지 불쾌하게 생각하지 않습니다. 상황에 맞추어 적극적으로 사용해 봅시다.

이 기법에 대한 몇 가지 예시를 소개하겠습니다.

Before [예제1] 수정 전

안건: 데이터베이스 논리 설계에 대한 협력 의뢰

김철수 과장님, 개발2팀의 권미선입니다.

현재, A사 시스템의 데이터베이스를 설계하고 있는데 잘 이해되지 않는 부분이 있어 개발 책임자인 김홍균 대리의 지원이 필요합니다. 협조 부탁드립니다.

After [예제1] 수정 후 - 감정을 자극한다

안건: 데이터베이스 논리 설계에 대한 협력 의뢰

김철수 과장님, 개발2팀의 권미선입니다.

현재, A사 시스템의 데이터베이스를 설계하고 있는데 잘 이해되지 않는 부분이 있어 개발 책임자인 김홍균 대리의 지원이 필요합니다. 협조 부탁드립니다.

저희 팀의 우수한 인원들을 모아 분석하고 있습니다만, 설계가 상당히 고도화되어 있어 분석에 애를 먹고 있는 상황입니다. 그래서 설계자의 설계 의도와 사상에 관한 가르침이 필요하다고 판단해 이렇게 지원 요청 드립니다.

Before [예제2] 수정 전

안건: 회의 진행 방식에 대한 건

김태석입니다.
지난번 회의의 회의 진행 방식은 참 좋았습니다.
서종수 차장의 진행 방식은 훌륭했으며 항상 안심이 됩니다. 앞으로도 분발해 주세요.

After [예제1] 수정 후 - 구체적으로 칭찬한다

안건: 회의 진행 방식에 대한 건

김태석입니다.
지난번 회의의 회의 진행 방식이 참 좋았습니다.
설명 자료는 빈틈없이 철저했으며 진행 방식도 깔끔했습니다. 멤버들의 얼굴이 여느 때와 달랐으며 이는 서종수 차장의 진행 방식이 좋았다는 것을 알 수 있었습니다.

또한 나중에 멤버에게 들으니 '내용이 구체적이고 진행방식이 좋았다'고 했습니다. 서종수 차장의 생각이 적절했다고 생각합니다. 항상 서종수 차장의 진행방식에는 관심을 갖고 있습니다.

앞으로도 여러 가지 사항을 고려해 가며 멤버를 이끌어 주시기 바랍니다. 계속해서 발전되는 모습, 기대하겠습니다.

② 의욕을 보인다

특히 상대가 상사나 자신보다 상위의 임원(자사, 거래처, 고객)일 때는 강한 의지를 보여줌으로써 상대의 협력을 얻거나 쉽게 설득되는 경우도 많습니다.

상대방이 Yes 또는 No로 고민하고 있을 때는 강한 의욕을 보여줄 수 있는 말, 구체적으로 "꼭 해 보고 싶습니다", "~를 하지 않으면 우리의 미래는 없습니다" 등, 상대의 감정을 자극하면 Yes를 받아 내기 쉽습니다.

예제

안건: 기획안 검토의 건
전상철 부장님, 김명수입니다.

어제 설명 드린 기획안을 두고 부장님께서 지적해 주신 문제점을 검토해 본 결과, 저희 내부 중견 인력들을 투입하면 충분히 해결할 수 있을 것 같습니다.
또한 관련자들의 협력을 받아 반드시 이 기획을 성공시켜서 당사가 시장에서의 유리한 포지션을 확보할 수 있도록 할 것입니다. 아무쪼록 다시 한번 검토해 주시기 바랍니다.

③ 비판, 반론을 먼저 스스로 언급한다

보고를 했을 때 상사로부터 많은 이견이나 반론을 받는 등 실패한 경험이 많을 것입니다. 일단 지적이나 비판을 많이 받은 문장은 신뢰를 얻기 위해 나중에 다시 수정을 하더라도 심리적으로 이미 '좋지 않은 문장'으로 낙인이 찍히게 됩니다. 이러한 것을 방지하기 위해 '미리 다른 사람의 이견이나 반론을 준비'해야 합니다.

예를 들어, 시스템 품질을 향상시키기 위해 품질 확보를 미션으로 '품질보증팀'을 발족시킨다고 합시다. 이러한 기획에는 다음과 같은 이견이나 반론을 추정해 볼 수 있습니다.

이견이나 반론 포인트

● **포인트 1**
처음에는 개발팀에서 분리하여 품질보증팀을 구성하기 때문에 개발에 관한 지식이 그다지 문제되지 않겠지만 일정 시간이 지나면 품질보증팀의 '개발 노하우'가 줄어들지 않겠는가?

● **포인트 2**
개발팀과 품질보증팀이 서로 대립하기 쉬운 것은 아닌가? 서로 발을 빼려고 하거나 책임을 전가하려는 등, 오히려 조직력을 떨어뜨리는 것은 아닌가?

'포인트 1', '포인트 2'와 같이, 추정되는 이견이나 반론을 미리 도출 및 분석하고 기획서에 그 내용을 포함하여 상대로부터 지적을 받지 않도록 준비합니다.

이견이나 반론을 포함한 문장의 예시입니다.

검토 포인트

품질보증팀 발족을 위해 아래의 사항을 검토한다.

1. (포인트 1) 품질보증팀의 '개발지식 및 스킬' 유지[※1]
개발팀과 로테이션을 적절하게 수행하여 지식 및 스킬을 유지한다.

[※1]: 처음에는 개발팀에서 분리하여 품질보증팀을 구성하기 때문에 개발에 관한 지식 및 스킬에 문제가 없겠지만, 점차 일정 시간이 지나면 품질보증팀의 개발 노하우가 줄어들 우려가 있다.

2. (포인트 2) 개발팀과 품질보증팀의 대립 방지[※2]
품질보증팀의 리더로 개발팀의 관리자급 경험자를 임명한다. 개발팀에의 영향력은 물론 인간관계의 악화를 피할 수 있다.

※2: 개발팀과 품질보증팀이 서로 이해가 대립되어 관계가 악화될 가능성이 있다. 그래서 오히려 조직력을 떨어뜨릴 리스크가 존재한다.

이상

이견이나 반론으로 제시할 만한 내용이 이슈 사항으로 이미 언급되어 있으면 같은 지적을 또 다시 한다는 것은 심리적으로 어렵습니다. 사람은 누구나 잔소리로 생각되거나 지나친 고집으로 생각되는 것을 말하기 꺼려하기 때문입니다.

예상되는 이견이나 반론을 먼저 언급해 두는 것이 효과가 있습니다.

④ 선택 효과를 사용한다

선택 효과란 제가 사용하는 용어로 '여러 가지 방안을 제시하여 그 중에서 가장 베스트인 방안을 선택하게 하는 것으로, 그 이외의 다른 방안을 생각하지 않게 하는' 심리적인 효과입니다.

예를 들어, 품질개선기획 담당자가 '데이터베이스 구조의 재검토'로 결론을 짓고 싶을 때 하나의 결론만 제시하게 되면 관계자들은 심리적으로 무엇인가 다른 더 좋은 방안이 있을 것이라는 생각에 'No'를 말하기 쉽습니다.

Before 수정 전

안건: 품질개선 방향에 대해

송진우입니다.
품질을 개선하기 위해 데이터베이스 구조의 수정이 필요하다고 생각합니다.

〈이유〉
10년 이상 유지보수를 해 오는 과정에서 테이블명과 항목명을 제멋대로 명명하여 명칭만으로는 정확한 내용 파악이 불가하여, 시스템 변경 시 오류가 발생되고 있음

결론이 한 가지 밖에 없으면 '충분히 검토했는지', '다른 방법은 없는지', '다른 방안이 더 있을 것 같아 결론을 내기 어렵다'는 심리 상태가 되기 때문에, 몇 가지 방안을 마련하고 그 중에서 선택할 수 있는 논리로 문장을 구성합니다.

After 수정 후

안건: 품질개선 방향에 대해

송진우입니다.
품질개선 방향에 관해 아래와 같이 방안을 검토하여 보고 드립니다. 의사 결정 부탁드립니다.

> 방안 1: 데이터베이스 구조를 수정한다.
> 방안 2: 데이터베이스 설명서를 정비한다.
> 방안 3: 데이터베이스 전문 설계팀을 구성한다.
> 방안 4: 데이터베이스 설계 리뷰를 실시한다.

〈이유〉
데이터베이스를 제멋대로 사용하다 보니 품질이 악화되고 있으며 시스템 변경 시 장애가 발생되기 쉬운 상황임.

→ 10년 이상 유지보수를 해 오는 과정에서 테이블명과 항목명을 제멋대로 명명하여 명칭만으로는 정확한 내용 파악이 불가해 시스템 변경 시 오류가 발생되고 있음.

방안 1~4의 논점을 제시함으로써 방안 1~4 중 하나는 'Yes'가 되도록 선택을 유도합니다.

 ⑤ 대비 효과를 사용한다

대비 효과는 심리학 용어로 물건 A와 그와 반대되는 B를 대비시켜 A의 장점을 돋보이게 하는 효과를 말합니다.

예를 들어, 기획안을 만들 때 무조건 방안 1을 통과시키고 싶다면, 방안 1의 다음 순위로 방안 2, 그 다음 순위로 방안 3을 제시하고 방안 1의 장점을 돋보이게 하여 방안 1을 선택하도록 유도하는 방법입니다.

안건: 서버 다운 장애에 대한 재발방지 대책의 건

정종철입니다.

지난 주 발생한 서버 장애[※]에 대한 재발방지 대책을 아래와 같이 보고 드립니다. 의사 결정 부탁드립니다.

- 방안 1: 서버의 자원 현황을 상시 감시하고, 자원이 부족할 경우에는 관련자에게 빠르게 연계할 수 있는 체제를 구축
- 방안 2: 서버의 자원 현황을 상시 감시하고, 부족할 경우에는 서버 자원의 처리를 중지시킨다.
- 방안 3: 서버의 자원 현황을 상시 감시하고, 부족할 경우에는 빠르게 서버 자원을 추가한다.

※ 서버 장애의 내용

웹 포털 예약 시스템에서 할인 이벤트를 공지하자 마자 예약 요청 거래가 급격히 증가, 서버의 메모리 부족으로 서버가 다운되었다.

보고서는 방안 3이 선택될 가능성이 높습니다. 방안 1은 재발 방지의 효과가 없고, 방안 2는 업무적으로 그다지 효용성이 없어 방안 3보다 우선 순위가 낮기 때문입니다.

연습문제

연습문제의 문장을 대비 효과를 사용하여 작성해 보세요. 방안은 3개를 만들고 결론은 방안 3으로 해 주세요.

Before 연습문제

안건: 인공지능(AI) 인재육성 대책에 대해

천만수입니다.
당사 업무에 AI를 적용하기 위해 아래와 같이 인재 육성을 하고자 합니다.

〈결론〉
외부에서 AI인재를 채용하여 채용한 인원과 기존 시스템의 인원을 혼성한 팀을 만들고, OJT 과정을 통해 AI를 적용한 업무시스템을 기획하고 구축한다.

검토 방법과 해답 예시

대비 효과를 사용하려면 자신이 추진하고 싶은 방안을 만든 다음, 추진 방안보다 후 순위가 될 방안을 몇 개 정도 추가로 나열합니다. 후 순위의 방안은 추천하고자 하는 방안보다 효과가 적은 것을 작성합니다. 그렇다고 너무 어설픈 방안들을 작성하면 문장 전체의 신뢰도가 낮아지므로 주의해야 합니다.

After 해답 예시

안건: 인공지능(AI) 인재 육성 대책에 대해

천만수입니다.
당사 업무에 AI를 적용하기 위해 아래와 같이 인재 육성을 하고자 합니다. 의사 결정 부탁드립니다.

- 방안 1: 기존 인재 중에서 몇 명을 AI 세미나에 참가시킨 후 OJT과정을 통해 AI를 활용할 수 있는 스킬을 배운다.
- 방안 2: AI 전문 외부업체와 계약해서 컨설팅을 받고 당사의 시스템 인원에 대한 교육을 의뢰한다.
- 방안 3: 외부에서 AI인재를 채용하여 채용한 인재와 기존 시스템의 인원을 혼성한 팀을 만들고 OJT 과정을 통해 AI를 적용한 업무 시스템을 기획하고 구축한다.

제3장

사내의 기본적인 커뮤니케이션

3-1 조사 결과를 보고한다 `조사결과보고`

3-2 결함 현황을 보고한다 `결함보고`

3-3 진척 지연을 보고한다 `진척보고`

3-4 회의 개최를 통지한다 `회의개최통지`

3-5 회의 결과를 보고한다 `회의록`

3-6 연습문제 – `이슈보고서` 작성하기

3-7 연습문제의 해설과 작성 예시

지금부터는 실천편입니다. 사내 커뮤니케이션의 종류와 용도별로 문장을 어떻게 작성해야 하는지 설명하겠습니다. 3장의 주제는 '사내의 기본적인 커뮤니케이션에 필요한 문장'입니다. 조사결과보고, 이슈보고, 진척보고, 회의개최통지, 회의록의 문장 작성 방법을 설명하고 작성 예시를 소개합니다.

3-1 조사 결과를 보고한다
– 조사 결과 보고

POINT! 의뢰 받은 내용, 자신의 생각, 주의사항을 명확하게 작성한다.

Before 수정 전

안건: 차세대 고객센터 시스템 도입 조사의 건

시스템 기획팀의 노민국입니다.
'차세대 고객센터 시스템 도입'에 대한 조사 결과를 보고하겠습니다. ❶

고객센터용 패키지 소프트웨어를 사용하는 회사가 많은 것 같습니다. 일반적으로 패키지 소프트웨어는 고객 대응에 필요한 최신 기능을 겸비하고 있기 때문에, 도입면에서 편하다고 생각합니다. 패키지를 사용하는 것도 하나의 방법이라고 생각합니다. ❷

단, 패키지 소프트웨어를 도입한 동종 업계에서 제대로 성과를 내지 못한 사례도 있으므로 주의해야 합니다. ❸

이것을 활용해 봅시다!

일을 하다 보면 상사나 관련 부서로부터 여러 가지 조사 요청을 받아, 조사 결과를 보고해야 하는 경우가 많을 것입니다.

이러한 보고 문장에서 주의해야 할 점은 요청 받은 내용을 제대로 이해하고, 어떤 조사 방법을 선택했는지를 보고서에 넣는 것입니다. 그리고 조사 결과에 대해 자신의 생각이나 제안, 조사하는 과정에서 깨달은 사항이 있다면 그것까지 함께 작성합니다.

예를 들면 타사의 사례(성공했는지 실패했는지, 비용 및 구축 기간은 어느 정도인지) 등을 넣어서 '정말 꼼꼼하게 제대로 조사했다'는 평가를 받을 수 있도록 작성해야 합니다.

조사 결과를 보고하는 문장에는 다음의 항목을 포함해야 합니다.

> **조사 결과 보고에 필요한 항목**
> ① 요청 받은 내용과 조사 방법
> ② 자신의 생각, 제안
> ③ 주의 사항

 ① 요청 받은 내용과 조사 방법

> 시스템 기획팀의 노민국입니다.
> '차세대 고객센터 시스템 도입'에 대한 조사 결과를 보고하겠습니다.

어떻게 조사했는지, 어떤 사례를 조사했는지 등이 적혀 있지 않기 때문에 조사를 요청한 측에서는 100% 믿어도 되는 것인지 의심이 생깁니다. 조사를 요청한 측으로부터 '제대로 조사했다'라고 평가 받을 수 있는 내용을 쓰도록 합시다.

② 자신의 생각, 제안

> 고객센터용 패키지 소프트웨어를 사용하는 회사가 많은 것 같습니다. 일반적으로 패키지 소프트웨어는 고객 대응에 필요한 최신 기능을 겸비하고 있기 때문에 도입면에서 편하다고 생각합니다. 패키지를 사용하는 것도 하나의 방법이라고 생각합니다.

조사를 요청한 측은 조사한 측을 믿고, 조사한 측의 생각을 듣고 싶어합니다. 이 내용은 조사한 측의 구체적인 의견이 없기 때문에 조사를 요청한 측에서는 패키지를 도입하는 것이 더 나은 것인지 확신할 수가 없습니다.

 ③ 주의 사항

> 단, 패키지 소프트웨어를 도입한 동종 업계에서 제대로 성과를 내지 못한 사례도 있으므로 주의해야 합니다.

조사한 결과, 주의해야 할 사항이 있으면 명확히 써 두어야 합니다. 예시의 문장은 어떻게, 무엇을 주의해야 하는 것인지 알 수가 없기 때문에 오히려 문장을 읽는 순간 짜증과 불만만 초래하게 됩니다.

After 수정 후

안건: 차세대 고객센터 시스템 도입 조사의 건

시스템 기획팀의 노민국입니다.
'차세대 고객센터 시스템 도입'에 대한 조사 결과를 보고하겠습니다.

1. 조사 내용 및 조사 방법
   - 조사 내용
     고객센터를 통해 상품에 대한 질문이나 애로 사항을 접수했을 때, 빠른 대응을 하기 위한 차세대 고객센터 시스템 도입에 관한 조사.
   - 조사 방법
     동종업계나 타 업계의 고객센터시스템 내용에 대해 시스템 컨설팅 회사와 IT업계 정보지, 내부 직원들을 통해 조사하고 자사 개발과 패키지 소프트웨어를 비교 분석함.

   ❶ 요청 받은 내용과 조사 방법을 쓴다

2. 시스템 도입 시 추진 사항
   - 고객센터용 패키지 소프트웨어를 도입하는 것이 투자대비 효과가 클 것으로 판단됨
   - (이유) 고객 대응에 필요한 최신 기능을 보유하고 있기 때문임. 만약, 당사에서 개발하게 되면 스킬, 비용, 도입 기간 등을 고려해 볼 때, 비용 및 기간이 훨씬 더 소요될 것으로 판단됨.

   ❷ 자신의 생각과 제안 등을 쓴다

3. 도입 시 주의점
   - 패키지 소프트웨어를 이용하면, 커스터마이즈(기본 기능의 개선)를 최소한으로 줄여야 함. 패키지 소프트웨어의 기본 기능에 업무를 맞추는 것이 오히려 불필요한 작업이 생기지 않을 것으로 판단됨.
   - 자사의 업무 프로세스만 고집하면 커스터마이즈가 많이 발생하고, 커스터마이즈가 필요한 부분에 대한 요건 정의 및 개발업체에 설계, 제작, 검증 요청 등으로 추가 비용이 발생하게 되거나 구축 기간이 길어지게 됨.
     따라서, 업무를 패키지에 맞추는 것이 효율적인 방안이라고 판단됨.

   ❸ 주의사항 등이 있으면 쓴다

패키지를 도입하는 것으로 확정되면 다음 단계로 패키지 소프트웨어의 선정 조사에 들어가고자 합니다. 검토 후 회신 바랍니다.

 **정리**

① 요청 받은 내용과 조사 방법을 쓴다

조사 요청을 받은 내용과 조사 방법 등을 명확히 작성합니다. 이렇게 하면 조사를 요청한 측에서 '제대로 조사하고 있다'고 안심할 수 있습니다.

② 자신의 생각과 제안 등을 쓴다

조사를 요청한 측에 자신의 생각, 제안, 추진 사항을 명확하게 주장하면 신뢰를 얻을 수 있습니다.

③ 주의사항 등이 있으면 쓴다

조사한 결과와 함께 주의할 사항이 있으면 작성합니다. 주의할 사항까지 구체적으로 작성되어 있으면, 조사를 요청한 측에서는 "이 사람에게 의뢰하길 정말 잘했다"는 느낌을 줄 수 있습니다.

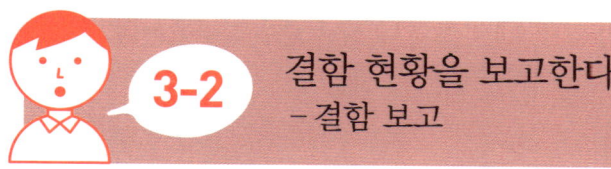

3-2 결함 현황을 보고한다
– 결함 보고

POINT! 결함의 현상, 원인, 대책, 재발방지 대책을 쓴다.

Before 수정 전

안건: 시스템 설계 결함의 건

시스템 개발팀 추상미입니다.
아래와 같이 보고 드립니다.

시스템 설계 내용과 실제 업무 내용이 서로 다른 경우가 빈번하게 발생하고 있어 시스템 결함의 원인이 되고 있습니다. ❶

업무설명서에 쓰여져 있는 업무 내용을 기반으로 시스템을 설계했지만, 실제 업무 내용과 다른 경우가 다수 발생했습니다. 이것이 결함의 원인이라고 생각됩니다. ❷

그래서 실제 업무 내용과 업무 설명서를 다시 비교 검토하여 앞으로는 설계 결함이 발생하지 않도록 재발방지 대책을 마련하여 실시하도록 하겠습니다. ❸

이것을 활용해 봅시다!

시스템을 개발하다 보면 다양한 문제가 발생합니다. 그래서 더욱 더 상사나 관계자에게 제대로 보고를 해야 합니다.

예를 들어 시스템 설계 결함이 계속 발생한다면 상사나 관계자에게 어떠한 결함이 발생하고 있는지 등, 결함 현상을 보고해야 합니다.

왜 결함이 발생했는지 원인에 관해 객관적인 수치를 근거로 제시하는 등, 설득력 있게 문장을 작성해야 합니다. 그리고 앞으로는 같은 결함이 재발되지 않도록 재발방지 대책을 강구해서 보고해야 합니다. 재발방지 대책은 "이 정도 대책이라면 향후 동일한 결함은 절대 발생하지 않겠군.", 보고 받는 사람에게 안심을 줄 수 있도록 구체적으로 작성해야 합니다.

이와 같이 결함을 보고하는 문장에는 다음의 항목을 포함해야 합니다.

결함 보고에 필요한 항목
① 결함의 상황과 경향을 분석한다.
② 결함이 발생한 원인은 객관적으로 쓴다.
③ 재발방지 대책은 구체적으로 쓴다.

 ① 결함의 상황과 경향을 분석한다

> 시스템 설계 내용과 실제 업무 내용이 서로 다른 경우가 빈번하게 발생하고 있어 시스템 결함의 원인이 되고 있습니다.

'빈번하게 발생하고 있어'는 어느 정도의 빈도로 시스템 설계 내용과 업무 내용이 달라진 것인지 알 수가 없기 때문에 납득하기가 어렵습니다. 결함의 상황과 분석된 내용은 보고를 받는 사람이 납득할 수 있도록 써야 합니다.

② 결함이 발생한 원인은 객관적으로 쓴다

> 업무설명서에 쓰인 업무 내용을 기반으로 시스템을 설계했지만 실제 업무 내용과 다른 경우가 다수 발생했습니다. 이것이 결함의 원인이라고 생각됩니다.

"실제의 업무 내용과 다른 경우가 다수 있었습니다."나 "이것이 원인이라고 생각됩니다."라는 기재는, 근거가 되는 객관적인 수치가 없기 때문에 납득하기가 어렵습니다.

발생 원인은 근거가 되는 수치를 사용하여 논리적으로 설명하고 객관적으로 납득할 수 있는 내용을 작성해야 합니다.

 ③ 재발 방지 대책은 구체적으로 쓴다

> 그래서 실제 업무 내용과 업무 설명서를 다시 비교 검토하여 앞으로는 설계 결함이 발생하지 않도록 재발방지 대책을 마련하여 실시하도록 하겠습-다.

"앞으로는 설계 결함이 발생되지 않도록~"과 같은 문장은 구체적으로 어떤 재발 방지 대책인지 알 수가 없기 때문에 불만만 생깁니다.

재발 방지 대책은 구체적으로 작성해야 합니다. 대책이 효과가 있을 것 같다고 판단할 수 있어야 어느 정도 보고를 받는 쪽에서도 "앞으로 발생하지 않겠군."하고 안심할 수 있습니다.

After 수정 후

안건: 시스템 설계 결함의 건

시스템 개발팀 추상미입니다.
아래와 같이 보고 드립니다.

1. 시스템 설계 결함의 경향과 원인

    1) 설계 결함의 경향
        - 1년 동안 발생한 설계 결함에 관한 보고서를 분석한 결과 '업무 설명서의 업데이트 누락'에 기인한 건이 약 50%였음
        - 이 부분에 대한 시급한 개선이 필요하다고 생각됨 ⟶ ❶ 결함의 상황 및 경향을 분석해서 쓴다

    2) 원인
        - 업무 설명서 업데이트 누락에 기인한 결함 … 20건 (48%)
        - (구체적인 근거/사례) 업무 설명서에 쓰인 업무 내용을 기반으로 시스템을 설계했지만 실제 업무의 내용과 많이 달라져 있었음. ⟶ ❷ 결함의 발생 원인은 객관적으로 쓴다

2. 재발방지 대책
    - '업무 설명서 업데이트'를 철저하게 할 수 있는 통제 대책 마련
    - 시스템을 변경하기 전에 업무 설명서를 업무 부문의 유경험자에게 체크하게 하는 등, 작성한 업무 내용이 최신으로 업데이트 되었는지 확인하는 절차 정비 ⟶ ❸ 재발방지 대책은 구체적으로 쓴다

 정리

① 결함의 상황 및 경향을 분석해서 쓴다

결함의 분석은 과거의 내용을 조사하여 수치화하여 작성합니다.

② 결함의 발생 원인은 객관적으로 쓴다

결함의 발생 원인은 수치, 계수를 사용하고 객관적으로 납득할 수 있는 이유를 씁니다.

③ 재발 방지 대책은 구체적으로 쓴다

재발 방지 대책은 '이 방안이면 동일한 결함이 재발하지 않겠다'라고 생각되는 내용(가령, 업무 설명서 업데이트 통제 대책 마련, 시스템을 변경하기 전에 업무 설명서가 최신인지 경험자가 확인하는 절차 정비 등)을 구체적으로 씁니다.

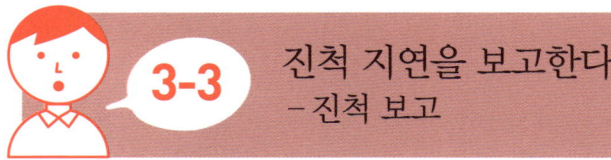

3-3 진척 지연을 보고한다
- 진척 보고

POINT! 지연 현황은 객관적으로, 이유는 논리적으로, 대책은 명확하게 쓴다.

Before 수정 전

안건: 진척 지연 보고의 건

시스템 개발팀의 임성택입니다.
아래와 같이, 진척이 지연되고 있어 보고 드립니다.

일정이 계획 대비 늦어질 것 같습니다. — ❶

현재 고객 측 담당자와 다소 의견 차이가 있어 결과적으로 진척이 지연되고 있는 상황입니다. ❷

지연은 어떻게든 맞출 예정이므로 크게 걱정하지 않으셔도 될 것으로 생각됩니다. 일정은 확실하게 지키겠습니다. ❸

이것을 활용해 봅시다!

일을 하다 보면, 뭐니뭐니해도 가장 싫은 것이 일이 지연되는 상태겠지요? 일정이 지연되면 후속 작업에 심각한 문제를 발생시킬 가능성이 있기 때문에 적절한 시점에 상사나 관계자에게 보고를 해야 합니다.

그러나 대부분 업무 당사자는 조금만 더 하면 맞출 수 있을 거라고 생각하고 진척 지연 보고를 뒤로 미루고는 합니다.

그 결과, 후속 작업의 일정이 연장되고 결과적으로 비용이 더 들어 프로젝트가 실패할 가능성이 높아집니다. 상황이 좋지 않을 때일수록 더욱 빠르고 정확하게 보고해야 합니다.

작업 지연을 보고하는 문장에는 '얼마나 늦어질 것인가'라고 하는 지연의 규모와 '왜 늦어졌는지'의 지연 원인, '지연을 회복시킬 수 있는가'라고 하는 지연 대책을 포함해야 합니다. 이것들을 알기 쉽게 객관적으로 작성해야 합니다.

진척 지연 보고에 필요한 항목
① '어느 정도 늦어질 것인가' 지연 규모
② '왜 늦어진 것인가' 지연 원인
③ '지연을 회복시킬 수 있는가' 지연 대책

 ① '어느 정도 늦어질 것인가' 지연 규모

일정이 계획 대비 늦어질 것 같습니다.

지연 규모에는 예정 대비 지연 일수, 지연에 따른 비용을 환산하여 수치로 나타낼 수 있어야 합니다.

보고받은 측은 어느 정도 지연되었는지 혹은 지연될 것인지를 객관적인 수치로 표시해 주지 않으면, 지연이 미치는 영향 정도와 대책을 파악할 수 없기 때문입니다.

 ② '왜 늦어진 것인가' 지연 원인

> 현재 고객 측 담당자와 다소 의견 차이가 있어 결과적으로 진척이 지연되고 있는 상황입니다.

'결과적으로 진척이 지연되고 있는~'이라고만 기재되어 있고 왜 늦어졌는지, 계속 늦어질 것 같은지, 아니면 이번에만 잠깐 늦어질 것 같은지 등을 추측할 수가 없습니다.

앞으로 계속 지연될 것인지 혹은 더 이상 지연되지 않을 것인지 등, 지연 여부를 추측할 수 없으면 대책을 세우기 어렵기 때문에 지연 원인을 분석하여 대책을 강구할 수 있도록 지연 원인에 대한 구체적인 설명이 필요합니다.

 ③ '지연을 회복시킬 수 있는가' 지연 대책

> 지연은 어떻게든 맞출 예정이므로 크게 걱정하지 않으셔도 될 것으로 생각됩니다.
> 일정은 확실하게 지키겠습니다.

지연을 확실하게 회복할 방법이 있는지, 아니면 일정 수정이 필요한지를 씁니다.

이러한 것들이 적혀 있지 않으면 향후 전체 프로젝트에 어떠한 영향을 미치게 될지 알 수 없어 적절하게 대응할 수 없습니다.

After 수정 후

안건: 진척 지연 보고의 건

시스템 개발팀의 임성택입니다.
아래와 같이 진척이 지연되고 있어 보고 드립니다.

1. 지연 규모
5개의 작업 항목 중 1개 항목이 계획 대비 2일 정도 지연되고 있습니다. ― ❶ 지연 규모를 명확하게 쓴다

2. 지연 원인
고객 담당자가 요구사항의 변경을 원해서, 지금 시점에서의 요구사항의 변경은 시스템 가동 일정에 영향을 줄 수 있어 받아 들일 수 없다고 거절했습니다.

요구사항 변경 요청을 거절해 고객 담당자가 불쾌함을 드러내며 2일이 지난 지금까지 요구사항을 명확하게 정의해 주지 않아, 협의에 난항을 겪었습니다. ― ❷ 지연 원인을 명확하게 쓴다

결국 오늘 협의가 되어 이번에는 요구사항 변경을 받아들여 적용하기로 했습니다만, 다음에도 동일한 방식으로 요구사항 변경을 요청할 가능성이 있어 진척회의를 통해 또 다른 이슈가 없는지 확실히 인지시키는 운영 절차 등을 마련하고자 합니다.

3. 대책과 전망
현 시점에서는 고객 담당자도 납득하고 있으며 분위기도 정상화되었습니다(단, 향후 대책은 위의 내용과 동일함). ― ❸ 지연 회복 가능 여부를 명확하게 쓴다
2일은 향후의 일정 안에서 커버될 수 있을 것으로 판단됩니다. 곤란한 상황이 발생하면 다시 보고 드리겠습니다.

 정리

① 지연 규모를 명확하게 쓴다

지연 보고는 최대한 객관적으로 지연 규모를 씁니다.

② 지연 원인을 명확하게 쓴다

지연 원인은 정확하고 사실에 근거한 내용을 씁니다.

③ 지연 회복 가능 여부를 명확하게 쓴다

발생한 지연으로 인해 향후 어떻게 될 것인지, 어떻게 할 것인지를 씁니다.

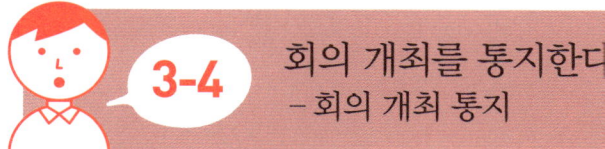

3-4 회의 개최를 통지한다
– 회의 개최 통지

POINT! '언제 하는지', '왜 하는지', '무엇을 하는지', '준비할 것이 무엇인지'를 명확하게 쓴다.

Before 수정 전

안건: ABC사 발급 시스템 설계 회의의 건

시스템 설계팀의 전경수 과장입니다.
아래와 같이 설계 회의를 진행하고자 합니다.

1. 회의 일시, 장소
○월 ○일 13:00부터
본사 238 회의실 ❶

2. 안건
공통 프로그램 구조에 대한 리뷰 ❷

3. 기타
각자 자신의 의견을 정리해서 올 것 ❸

이것을 활용해 봅시다!

회의에는 여러 가지 종류가 있습니다.

- 보고 회의
- 설명 회의
- 일의 진척을 확인하는 회의
- 문제를 해결하거나 새로운 기획을 검토하기 위한 논의를 하는 회의

목적에 따라 회의의 종류도 다양하지만 공통적인 사항은 어떤 회의이든 효율적으로 진행되어야 한다는 점입니다.

특히 '참여자가 서로 토론하는 회의'는 목적을 확실하게 인식시켜야 합니다. '아이디어를 수집'하거나, '논점을 파고드는' 회의는 1명 이상의 많은 사람들이 참여해야 좋은 해답을 찾아 낼 수 있습니다.

즉, 회의의 효과를 높이기 위해서는 회의의 목적을 명확히 인식시키고 회의에 늦는 일이 없도록 해야 하며, 모든 사람이 회의에서 자유롭게 의견을 낼 수 있는 구조를 만들어야 합니다.

이와 같이 회의 개최를 통지하는 문장은 다음의 항목을 포함해야 합니다.

회의 개최 통지에 필요한 항목
① 회의의 기본적인 사항
② 회의의 목적, 주제·안건
③ 회의의 사전 준비 작업

① 회의의 기본적인 사항

1. 회의 일시, 장소
○월 ○일 13:00부터
본사 238 회의실

기본적인 사항으로 회의 일자, 시간, 장소, 참석자 등을 명확하게 씁니다.

회의는 참석자가 중요합니다. 회의에 맞는 적절한 참석자를 선정하지 않으면 회의의 의미가 없어지게 되고, 실효성도 떨어집니다.

어떤 목적과 주제로 하는 회의인지를 고려하여 적절한 참석자를 빠짐 없이 소집하는 것이 중요합니다.

 ② 회의의 목적, 주제·안건

2. 안건
공통 프로그램 구조에 대한 리뷰

회의의 목적이나 주제·안건은 구체적으로 써야 합니다. '구조에 대한 리뷰'보다는 '구조를 확정하고 이후 작업 진행 절차에 대한 회의' 등 목적이나 주제·안건을 구체적으로 작성합니다.

무엇을 논의할지 등 논점을 명확하게 해 두지 않으면 회의의 중요성을 인식시키기 어렵고 회의의 논점과 무관하게 각자 논의하고 싶은 여러 가지 논점들을 가져올 리스크가 크기 때문입니다.

 ③ 회의의 사전 준비 작업

3. 기타
각자 자신의 의견을 정리해서 올 것

'자신의 의견을 정리해서~'라고 쓰여 있는데 무엇을 어떻게 정리를 해 오라는 것인지 내용이 충분하지 않습니다.

회의의 목적을 달성하기 위해서는 참석자들에게 회의에서 논의할 내용, 결정이 필요한 사항들을 준비해 올 수 있도록 해야 합니다.

회의에서 필요한 사전 준비 작업은 구체적으로 통지해야 합니다. 자료를 읽어 올 것, 관계자의 의견을 들어올 것, 정보를 수집해 올 것 등, 구체적으로 기재해야 더 의미 있는 회의를 할 수 있게 됩니다.

After 수정 후

안건: ABC사 발급 시스템 설계 회의의 건

시스템 설계팀의 전경수 과장입니다.
아래와 같이 설계 회의를 진행하고자 하오니 사전 준비 및 참석 부탁드립니다.

1. 목적
신규 시스템의 공통 프로그램의 구조 확정 — ❷

2. 회의 일시, 장소, 참석자
○월 ○일 13:00부터(기한 엄수 요청)
본사 238 회의실
프로젝트 설계 팀 전원

❶ 회의의 기본정보를 쓴다

3. 안건
공통 프로그램 구조를 확정하기 위해 향후 확장 범위를 논의

❷ 회의의 목적과 안건을 명확하게 쓴다

4. 사전 준비 사항
향후 시스템의 변경 가능성과 규모, 변경의 특성 등을 10개 정도 열거하고 프로그램 구조를 고려하여 참석자에게 설명할 수 있도록 할 것

❸ 사전에 준비해 올 작업을 명확하게 쓴다

 정리

① 회의의 기본 정보를 쓴다

기본 항목으로 날짜, 시간, 장소, 참석자 등, 회의의 기본 정보를 씁니다.

② 회의 목적과 안건을 명확하게 쓴다

목적은 '신규 시스템의 공통 프로그램의 구조 확정', 안건은 '향후 확장성 확보를 위해 어디까지 확장할 것인가에 대한 확장 범위 논의'와 같이 명확히 작성하여, 회의를 성공적으로 이끌 수 있도록 씁니다.

③ 사전에 준비해 올 작업을 명확하게 쓴다

회의의 효율을 높이기 위해 참석자가 사전에 준비해와야 할 작업을 구체적으로 명시합니다.

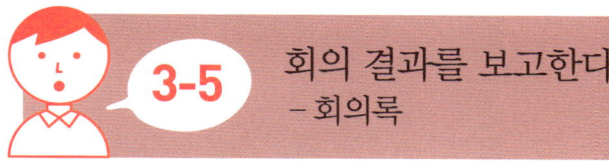

3-5 회의 결과를 보고한다
– 회의록

POINT! 미결사항, 기결사항, 향후 액션 플랜을 명확하게 쓴다.

Before 수정 전

안건: ABC공업(주)의 상품판매시스템 화면 설계 작업 분담회의 결과 보고

개발팀 강시원입니다.
회의 결과를 보고 드립니다.

어제 ABC공업(주)의 상품판매시스템과 관련하여 회의를 실시하였습니다.
(정철호 대리와 강시원, 이외 2명과 함께 회의) ❶

시스템 운영자의 화면 디자인에 대한 요구사항을 확인하였으며, 회의 도중 화면을 작성할 업체의 선정과 관리가 필요하다는 얘기가 나왔습니다.

그리고 사양서 작성은 임희철씨가 담당하고, 화면작성을 위탁하기 위한 위탁업체용 업무지시서 작성은 조민호씨가 작성하기로 하였으며, 전체 작업 및 진척 관리는 정철호 대리가 하기로 하였습니다. ❷

향후 작업으로는, 작업 양을 견적할 담당자를 ○월 ○일까지 선정해야 합니다.
그리고, 화면작성지시서의 양식 결정을 ○일까지 반드시 해야 합니다. ❸
사내 승인 담당자와 관리에 대한 결정도 ○월 ○일까지 해야 합니다.

이것을 활용해 봅시다!

회의록에서는 회의의 기본정보, 기결사항, 미결사항, 액션플랜(완료일, 담당자, 작업항목 등)을 명확하게 해야 합니다.

회의록은 회의 참석자에게 공유하는 것뿐만 아니라 회의에 참석하지 않은 사람에게도 정보를 공유해야 하는 경우도 있습니다.

그래서 회의에 참가하지 않은 사람도 이해하기 쉽게, 명확하게 기재해야 됩니다.

참석자가 발언한 내용을 정확하게 남기려면 '누가, 어떤 안건으로, 어떠한 발언을 했는지'를 상세하게 기재하는 것도 중요합니다.

이와 같이 회의 결과 보고 문장에는 다음의 항목을 포함해야 합니다.

회의 결과 보고에 필요한 항목
① 회의 안건, 참석자 등의 기본 정보
② 기결사항과 누가 담당할 것인가
③ 미결사항과 언제까지 결정할 것인가

① 회의 안건, 참석자 등의 기본 정보

> 어제 ABC공업(주)의 상품판매시스템과 관련하여 회의를 실시하였습니다.
> (정철호 대리와 강시원, 이외 2명과 함께 회의)

회의록에는 회의 목적이 무엇이었으며 어떤 주제나 안건으로 실시했는지를 작성해야 합니다.

더욱이 회의록은 상위관리자에게 회람하는 경우도 있으므로, 회의의 목적이나 주제·안건을 잘 모르는 경우를 대비하여 간주를 달아 설명을 추가하는 등의 세심한 배려도 필요합니다.

참석자는 사람 수뿐 아니라 누가 참석했는지 알 수 있도록 이름을 명확히 기재합니다. 참석자의 발언을 그대로 회의록에 남길 경우는 누구의 발언이었는지, 이름을 기재해 두는 것이 좋습니다.

 ② 기결사항과 누가 담당할 것인가

> 그리고 사양서 작성은 임희철씨가 담당하고, 화면작성을 의탁하기 위한 위탁업체용 업무지시서 작성은 조민호씨가 작성하기로 하였으며, 전체 작업 및 진척 관리는 정철호 대리가 하기로 하였습니다.

회의 결과, 결정된 내용(기결)의 작업에 대해서는 담당자 이름을 반드시 작성해 둡니다.

담당자를 작성해 두어야 작업에 대한 책임이 명확해지고 추적이 쉬워집니다. 반대로 담당자를 작성해 두지 않으면 나중에 "내 담당이 아니다"라며 책임 소재가 애매해지고, 작업이 진행되지 않게 될 경우도 발생합니다.

 ③ 미결사항과 언제까지 결정할 것인가

> 향후 작업으로는 작업량을 견적할 담당자를 ○월 ○일까지 선정해야 합니다.

회의 결과, 미결사항에 대해서는 '무엇을 결정해야 하는지, 언제까지 결정할 것인지, '완료일'을 반드시 작성해야 합니다.

완료일을 작성해 둔 회의록은 작업의 추적이 가능하기 때문에 추후 작업 내용이 '애매모호'하거나 작업이 지연되는 경우를 방지할 수 있습니다.

After 수정 후

안건: ABC공업(주)의 상품판매시스템 화면 설계 작업 분담회의 결과 보고

개발팀 강시원입니다.
회의 결과를 보고 드립니다.

1. 안건
ABC공업(주)의 상품판매시스템 설계 화면을 작성하기 위한 작업 항목 도출

2. 참석자
4명(정철호, 김성민, 김민수, 강시원)

❶ 회의의 안건, 참석자 등의 기본 정보를 쓴다

3. 결정 사항
〈작업과 담당〉
- 사용자용 화면 디자인의 요구사항 확인 및 인터뷰(김성민)
- 화면작성을 위한 위탁업체 선정과 관리(정철호)
- 고객제공용 사양서 작성(김성민)
- 위탁업체용 화면작성지시서 작성(정철호)
- 전체 작업 및 진척 관리(김민수)

❷ 기결사항과 담당자를 쓴다

4. 미결사항
- 작업량 견적 담당자 선정 (○월 ○일까지)
- 화면작성지시서의 양식 결정 (○월 ○일까지)
- 사내 승인 담당자 선정과 관리 (○월 ○일까지)

❸ 미결사항과 언제까지 결정할지를 쓴다

 **정리**

① 회의의 안건, 참석자 등의 기본정보를 쓴다

회의의 목적과 안건, 참석자 수, 참석자 이름을 씁니다(경우에 따라 발언 내용, 발언자 이름도 기재).

② 기결사항과 누가 담당할 것인지를 쓴다

회의에서 결정된 내용(기결), 작업할 담당자 이름을 씁니다.

③ 미결사항과 언제까지 결정할 것인지를 쓴다

미결사항의 내용(결정하지 못한 사항이 무엇인지)과 완료일(언제까지 결정할 것인지)을 씁니다.

3-6 연습문제
– 이슈보고서 작성하기

POINT! 아래 전제사항을 바탕으로 이슈보고서를 써 봅시다.

전제 사항

- 보고하는 사람: 김철수(시스템 개발팀 IT엔지니어)
- 보고받는 사람: 안상민(시스템 개발팀 과장, 김철수 대리의 상위관리자)
- 보고 내용: 인터넷에서 잡화를 판매하는 'e-잡화'사의 EC사이트 시스템의 테스트 이슈와 문제점 및 해결 방안을 보고한다.
- 조건: A4사이즈 1장 정도의 분량
- 이슈보고서 내용: 아래의 내용을 취사 선택해서 정리한다.

이슈보고서에 필요한 정보

- 개인 고객용으로 소형 잡화를 쇼핑몰 사이트에서 판매하고 있는 e-잡화사의 'e-잡화 판매 시스템'의 테스트 이슈를 보고한다.
- 고객은 웹과 모바일 폰에서 e-잡화사 쇼핑몰 사이트에 접속하여 상품을 구매한다.
- 구매한 상품은 택배를 통해 구매한 고객에게 보낸다.
- 다양한 모든 디바이스의 동작을 보증할 수 있는 테스트 이슈를 알아야 한다.
- 테스트해야 할 디바이스는 웹은 브라우저 버전과 OS 종류, OS 버전에 따라 다르며 모바일로 OS 종류, OS 버전에 따라 다르기 때문에 어느 범위까지 테스트하고 동작을 보증할지를 정해야 한다.

- 테스트할 디바이스와 브라우저의 버전, OS 종류, OS 버전이 다양하여 자사에서 모든 것을 테스트하기에는 인원이나 준비할 디바이스에 한계가 있다는 이슈가 있다.
- 그래서 디바이스 테스트는 다양한 종류의 디바이스와 테스트 전문 인력을 보유하고 있는 디바이스 테스트 전문업체에 위탁한다.
- 이렇게 함으로써 테스트 기간도 단축시키고 자사에서 테스트하는 것보다 비용을 절감할 수 있다.

3-7 연습문제의 해설과 작성 예시

해설

테스트 이슈와 문제점 및 해결 방안으로 구성합니다. 보고를 받는 사람의 이해를 돕기 위해 '시스템의 개요'도 작성해 두는 것이 좋겠지요.

위에서 제시한 정보에서 도출하여 작성해 봅시다.

 ① 시스템 특징과 개요

고객이 디바이스를 이용하여 쇼핑몰 사이트에 접속해서 상품을 구매하고 배송까지의 절차(시스템에서 제공하는 서비스 흐름)를 작성합니다.

 ② 테스트 이슈

고객이 보유하고 있는 디바이스의 종류가 다양하기 때문에 테스트할 디바이스의 범위나 종류를 어디까지 할 것인지, 또 어떤 방식으로 테스트를 할 것인지 확정해야 하는 것이 테스트 이슈라는 내용을 작성합니다.

③ 테스트의 문제점 및 해결 방안

자사에서 전부 테스트하는 것은 인원이나 디바이스 준비가 어려워 모든 디바이스를 보유하고 있으며 그외 관련된 테스트 노하우가 있는 테스트 전문 업체에 위탁하는 것이 더욱 효과적인 해결 방법이라는 내용을 작성합니다.

작성 예시

이슈 보고서

---

e-잡화사 온라인 쇼핑몰 사이트의 테스트 이슈

시스템 개발팀 서현수

e-잡화사 온라인 쇼핑몰 사이트에 대한 테스트 이슈와 문제점 및 해결 방안을 보고 드립니다.

1. 시스템 특징과 개요
고객은 웹과 모바일을 통해 e-잡화사의 온라인 쇼핑몰 사이트에 접속하여 상품을 구매한다. 구매한 상품은 택배를 통해 구매한 고객에게 보낸다.

2. 테스트 이슈
다양한 모든 디바이스에 대한 동작[※]을 보증할 수 있는가

※ 테스트해야 할 디바이스는 웹의 경우 브라우저의 버전, OS 종류, OS 버전에 따라 여러 개 존재하고 모바일의 경우도 OS 종류, OS 버전에 따라 다양하다.
⇒ (향후의 과제) 테스트할 디바이스의 종류 및 범위 확정

3. 테스트의 문제점 및 해결 방안
   1) 문제점
      다양한 디바이스에 대한 테스트를 자사에서 모두 수행하는 것은 인원이나 준비할 디바이스를 고려해 볼 때 비효율적임.
   2) 해결 방안
      다양한 디바이스와 전문 테스트 인력을 보유하고 있는 테스트 전문업체에 위탁하여 테스트 효율을 높이고 비용 절감을 꾀하고자 함.

실천편

제4장

고객이나 사외 인원과 문서 주고 받기

4-1 고객을 인터뷰한다 `인터뷰 의뢰`

4-2 시스템 도입을 위한 정보나 제안을 의뢰한다 `정보 제공의뢰` `제안의뢰`

4-3 고객과 해결 방안을 논의한다 `디자인씽킹 실시 의뢰`

4-4 고객의 결정을 유도한다 `협상 메일·문서`

4-5 고객의 의뢰를 거절한다 `의뢰 거절 메일·문서`

4-6 연습문제 `제안의뢰서`

4-7 연습문제의 해설과 작성 예시

4장에서는 고객이나 사외 인원과 문장을 주고 받을 때 필요한 것을 살펴봅니다. 인터뷰 의뢰, 정보제공 의뢰, 제안의뢰, 디자인씽킹 실시 의뢰, 협상 메일·문서, 의뢰 거절 메일·문서에 대한 문장 작성 방법을 설명하고 작성 예시를 소개합니다.

4-1 고객을 인터뷰한다
- 인터뷰 의뢰

POINT! 문의 사항 정리, 대답 예시 제시, 애로사항 듣기

Before 수정 전

개인신용등급제 융자시스템 구축을 위한 인터뷰 의뢰의 건

ABC은행㈜
융자팀 김수현 부장

가나다 파이낸셜
기획부 김성호

귀사로부터 의뢰 받은 '개인신용등급제 융자시스템' 구축을 위해 아래와 같이 인터뷰를 실시하고자 합니다.

- 아래 -

1. 현행 업무 및 시스템의 내용

　1) 현행 융자 업무의 절차와 이용하고 있는 시스템의 내용　❶
　　→ 처리 절차 등의 중요 항목
　　→ 현재 업무의 흐름 - ❸

2. 신규 융자(개인 신용 등급제 유지)업무에 관한 내용

　1) 등급화할 데이터 종류 및 입수처 - ❷
　2) 현재 검토 상황 등
　　검토는 어느 정도 진행되고 있는가?
　　타사 사례 등은 조사하고 있는가?

이것을 활용해 봅시다!

　사업을 하려면 많은 정보를 수집해야 합니다. 수집한 정보를 이용하여 상품이나 서비스를 만들기도 하고 판매 거래처에 인터뷰를 요청할 때도 많습니다.

　인터뷰의 목적은 현행 업무 절차 및 문제점 파악, 신규 업무 시스템의 도입 의향 조사, 새로운 시스템에서 요구하는 기능 조사 등의 정보 수집에 있습니다만, 무엇보다도 정확한 내용을 파악하는 것이 중요합니다. 그러기 위해서는 인터뷰를 제대로 해야 합니다.

　인터뷰를 잘 하기 위해서는 물어보고 싶은 항목이 무엇인지 정리하고 상대방이 질문에 쉽게 답변할 수 있는 방안 등을 강구해야 합니다.

　또한 애로사항과 문제점을 듣는 것도 중요합니다. 문제점에는 중요한 비즈니스 팁이 포함되어 있기 때문입니다.

　인터뷰를 목적으로 하는 문장에는 다음의 항목을 포함해야 합니다.

인터뷰에 필요한 항목
① 물어보고 싶은 내용을 세분화한다.
② 대답하기 쉽게 예시를 작성한다.
③ 애로사항을 물어본다.

① 물어보고 싶은 내용을 세분화한다

1) 현행 융자 업무의 절차와 이용하고 있는 시스템의 내용
   → 처리 절차 등의 중요 항목

입수할 정보의 질을 높이려면 인터뷰 항목을 구체적으로 작성해야 합니다. 예시와 같이 작성하면 대략적인 내용만 답변을 얻을 가능성이 높아 효과적인 인터뷰가 되지 못합니다.

 ② 대답하기 쉽게 예시를 작성한다

1) 등급화할 데이터 종류 및 입수처

이 문장은 질문한 내용의 의미가 무엇인지 도무지 이해하기 어렵고 어떻게 대답을 해야 좋을지 알 수 없는 표현입니다. 답변의 예시를 작성해 놓으면 원하는 답변을 듣기가 훨씬 수월해집니다.

 ③ 애로사항을 물어본다

→ 현재 업무의 흐름

예시와 같이 작성하면 현재 업무 흐름만 알 수 있게 되므로 인터뷰의 내용으로써는 많이 불충분합니다. 현재의 흐름 이외, 애로사항이나 문제점이 무엇인지를 물어 보면 훨씬 중요한 정보를 얻을 수가 있습니다.

After 수정 후

개인신용등급제 융자시스템 구축을 위한 인터뷰 의뢰의 건

ABC은행㈜
융자팀 김수현 부장

가나다 파이낸셜
기획부 김성호 대리

귀사로부터 의뢰 받은 '개인신용등급제 융자시스템' 구축을 위해 아래와 같이 인터뷰를 실시하고자 합니다.

- 아래 -

1. 현행 업무 및 시스템 내용
    1) 현행 융자 업무의 절차와 이용하고 있는 시스템의 내용
        ① 처리 절차 ② 시스템 기능 ③ 데이터 등록 내용
        ④ 데이터 조회 내용 ⑤ 별지 목록 ― ❶ 물어보고 싶은 내용을 세분화한다
    2) 특히 궁금한 업무 내용
        ① 업무 순서 ② 업무별 진행시기 ③ 전표 작성자와 처리 내용
        ④ 전표 처리의 검증 방법 및 증적 자료 등
        (예) 입력 전표와 처리 결과가 서로 일치하는지 체크하고 ― ❷ 대답하기 쉽게 예시를 기입한다
            상위 관리자의 승인을 받아 보관하고 있음 등
    3) 각 업무의 애로사항
        업무 처리 시의 문제점
        (예) 시간이 많이 걸린다. 시스템으로 처리가 안 되고 있다. ― ❸ 애로사항을 듣는다
            전표처리 금액의 정확도가 낮다 등.

2. 신규 업무 및 신규 시스템(개인신용등급제 융자시스템)에 관한 내용
   1) 등급화할 데이터 종류 및 입수처
      (예) 중국 등 개인 등급제를 도입하고 있는 해외 기업으로부터 노하우를 전수받거나 휴대폰 업체, 메가 뱅크 등의 개인 등급제를 도입하고 있는 국내 기업과 제휴하여 등급제 데이터를 입수하고 있음. ― ❷ 대답하기 쉽게 예시를 기입한다
   2) 신규 융자 업무의 검토 상황과 문제점
      신규 융자 업무에 대해 현 시점에서 검토한 상황 및 문제점을 사내 보안에 지장이 없는 범위에서 알려 주었으면 함. ― ❸ 애로사항을 듣는다

이상

정리

① 물어보고 싶은 내용을 세분화한다

입수할 정보의 질을 높이기 위해 인터뷰 항목을 가능한 구체적으로 제시합니다.

② 대답하기 쉽게 예시를 기입한다

듣고 싶은 내용의 레벨을 일정하게 하기 위해 답변의 예시를 기재합니다.
어느 정도의 레벨로 대답을 해 주면 되는지 상대에게 전달합니다.

③ 애로사항을 듣는다

애로사항은 시스템 개선이나 제품 판매 등 여러 가지로 상대가 원하는 시스템을 만들기 위한 중요한 힌트가 됩니다.

4-2 시스템 도입을 위한 정보나 제안을 의뢰한다 – 정보 제공의뢰, 제안의뢰

POINT! 요건·요구사항을 제시하고 언제까지 무엇을 해 주면 되는지 명확하게, 경쟁 정보도 포함한다.

Before 수정 전

IT테크놀로지㈜
개발부 김호철 부장

㈜ 행복산업
영업기획부 송만호

아래와 같이 당사에 도입할 고객정보시스템에 대한 정보 제공을 의뢰합니다.

– 아래 –

1. 대상 시스템

고객관리 · 마케팅 분석 시스템

2. 개발기간

   3월 1일~12월 20일(시스템 가동)
   위 개발 기간으로 가능한지 일정에 대한 귀사의 의견을 제시해 주시기 바랍니다.

3. 정보 제공이 필요한 사항

고객의 판매정보관리 및 속성관리를 할 수 있는 각종 기능을 갖는 시스템.
이 시스템에 필요한 기능 측면과 비기능 측면의 정보 제공을 부탁합니다. ❶

4. 향후 예정

귀사의 준비가 완료되면 설명을 부탁드립니다. ❷

5. 기타 사항
귀사의 좋은 정보 제공 혹은 제안을 기대하고 있겠습니다.
잘 부탁드립니다.

❸

이상

 이것을 활용해 봅시다!

비즈니스는 제품이나 서비스를 만들거나 필요한 시스템을 도입하기 위해 컨설팅 회사나 시스템 공급업체에 정보 제공 및 제안을 의뢰할 때가 많습니다.

시스템을 도입하기 위해 외부 관련업체에 정보 제공 및 제안을 의뢰할 때 시스템의 기능적인 요구사항과 비 기능적인 요구사항 등 의뢰자의 요구사항을 명확히 하지 않으면 올바른 정보와 제안을 받을 수 없습니다.

또 언제까지 무엇을 원하는지, 다음 단계는 어떻게 진행하고 싶은지 등의 내용까지 상세하게 작성을 해 두면 상대방도 작업이 훨씬 쉬워집니다.

몇 개 정도의 기업에 정보 제공 및 제안을 의뢰했는지도 적어 두면 경쟁 심리가 발동해 더 좋은 정보나 제안을 받을 수 있을 가능성이 커집니다.

정보 제공의뢰 혹은 제안의뢰에 필요한 항목
① 요건, 요구사항
② 마감일
③ 경쟁 정보

① 요건, 요구사항

> 3. 정보 제공이 필요한 사항
> 고객의 판매정보관리 및 속성관리를 할 수 있는 각종 기능을 갖는 시스템,
> 이 시스템에 필요한 기능 측면과 비기능 측면의 정보 제공을 부탁합니다.

원하는 정보나 제안의 질을 높이기 위해 요건과 요구사항은 구체적으로 제시합니다.

'이 시스템에 필요한 기능 측면과 비기능 측면의 정보 제공을~'이라는 식으로 모호하게 작성하면 초점에 어긋난 내용을 받게 될 리스크가 큽니다.

 ② 마감일

> 4. 향후 예정
> 귀사의 준비가 완료되면 설명을 부탁드립니다.

정보 제공 의뢰나 제안 의뢰의 기간 혹은 마감일, 의뢰한 이후의 업무 절차를 작성해야 합니다.

'귀사의 준비가 완료되면~'이라고 쓰여 있는데 언제까지 하면 되는지 도무지 알 수가 없기 때문에 작업이 제대로 진행되지 않습니다.

③ 경쟁 정보

```
5. 기타 사항
귀사의 좋은 정보 제공 혹은 제안을 기대하고 있겠습니다.
잘 부탁드립니다.
```

정보 제공의뢰 및 제안의뢰는 타사와의 경쟁 심리를 발동시켜야 보다 의미 있는 정보라고 여겨지는 제안을 받을 수 있습니다.

이 문장에서는 경쟁 정보가 없어서 상대방이 전력을 다해 작성하지 않을 수도 있습니다.

After 수정 후

```
IT테크놀로지㈜
개발부 김호철 부장

                                                    ㈜ 행복산업
                                              영업기획부 송만호 대리

아래와 같이 당사에 도입할 고객정보시스템에 대한 정보 제공을 의뢰합니다.

                        - 아래 -

1. 대상 시스템
고객관리 · 마케팅 분석 시스템

2. 개발기간
3월 1일~12월 20일(시스템 가동)
이 개발 기간으로 가능한지 일정에 대한 귀사의 의견을 제시해 주시기 바랍니다.
```

3. 기능적인 요구사항

고객의 판매정보와 속성을 관리할 수 있을 것

① 고객의 판매기록을 참조하여 고객마다의 성향을 분석하고 상품을 추천할 수 있을 것
② 신상품이 나오면 판매 후보 고객에게 메일을 송부할 수 있을 것, 이것에 관한 주요 기능과 부가 기능을 제안할 것

❶ 요건, 요구사항을 명확하게 쓴다

4. 비기능적인 요구사항

① 성능 요건을 만족할 것
  - 온라인상에서 거래가 절정(당사가 상정하는 데이터 양)일 때, 5초 이내에 처리가 완료될 것
  - 데이터 분석 처리는 데이터의 양과 분석 방법에 따라 다르다고 생각되므로 귀사에서 적용한 구체적인 사례를 제시해 주었으면 함.
② 조작이 편리할 것
  - 전문적인 지식이 없어도 데이터 분석이 가능한 툴을 사용할 수 있을 것
③ 보안 대책이 충분하게 되어 있을 것
  → 귀사가 생각하는 보안 대책과 보안 기능을 제공해 줄 것

❶ 요건, 요구사항을 명확하게 쓴다

5. 향후 예정

의뢰 기간은 1개월(○○까지)이며 설명회는 ○○일에 실시하겠습니다. 추가 문의사항은 김성철 차장, 이상수 과장, 담당자인 송민호 대리에게 연락 바랍니다.

❷ 언제까지 무엇을 해 줄 것인지 구체적으로 쓴다

6. 기타 사항

이번 정보제공의뢰는 3~5개사에 실시할 예정이므로 해당 시스템을 귀사로부터 도입하겠다고 약속드릴 수는 없습니다만, 귀사의 좋은 정보와 제안을 기대하고 있습니다. 잘 부탁드립니다.

❸ 타사와의 경쟁 정보를 쓴다

이상

 **정리**

① 요건, 요구사항을 명확하게 쓴다
원하는 정보나 제안의 질을 높이기 위해 요건과 요구사항은 구체적으로 제시합니다.

② 언제까지 무엇을 해 줄 것인지 구체적으로 쓴다
마감 일정과 의뢰자의 직위/직급 등을 작성합니다. 담당자가 의뢰하는 것보다 과장이나 부장 등의 직위가 높은 사람이 의뢰하는 것이 상대방은 더 신중하고 정성스럽게 작성합니다.

③ 타사와의 경쟁 정보를 쓴다
타사와의 경쟁 정보로써 몇 개사가 경쟁할 것인지를 작성합니다. 단, 경쟁이 너무 많으면 오히려 큰 관심을 갖지 않게 될 우려가 있기 때문에 3~5개사 정도가 좋다고 생각합니다.

4-3 고객과 해결 방안을 논의한다
– 디자인씽킹 실시 의뢰

POINT! 검토 방법 및 절차, 검토 방법의 장점, 참석자 조건을 명확하게

Before 수정 전

안건: 신규 비즈니스 아이디어 도출을 위한 디자인씽킹 요청의 건

한국 디지털 이노베이션 DX디자인실 이영훈입니다.

귀사로부터 정보제공 의뢰를 받은 '디지털을 사용해서 지금까지 없었던 보험을 세상에 출시한다'에 대해 귀사와 당사가 함께 모여서 아이디어를 내는 것이 더 효과가 있을 것으로 생각됩니다. ❶

양사가 함께 검토함으로써 귀사의 문제점과 해결 방안의 방향성을 파악할 수 있어 귀사에 정보 제공 및 제안도 보다 더 구체적으로 제시될 수 있을 것으로 보입니다. ❷

검토회의에 참석 가능한 인원을 선정해 주시면 구체적인 검토 일정을 공유하겠습니다. ❸

이것을 활용해 봅시다!

신규 비즈니스 기획을 원하는 고객사에 컨설팅 혹은 상품 및 서비스를 제공하기 위해 고객사와 함께 아이디어를 내거나 비즈니스상의 이슈의 해결 방안을 강구하는 일이 종종 있습니다.

이와 같이 고객사와 함께 검토를 하려면 먼저 고객사 측에 '어떻게 진행할지'를 명확하게 설명하고 납득시킬 수 있어야 합니다. 고객사는 의미 없는 진행 방식 등으로 시간을 낭비하고 싶어하지 않기 때문입니다.

진행 방식을 설명할 때에는 '함께 참여함으로써 어떠한 이점·혜택이 있는지'도 설명합니다. 무엇인가 이점·혜택이 있다고 느끼면 고객사 측도 흔쾌히 협력해 줄 것입니다.

검토 미팅이나 워크샵 등에는 '참여 인원'도 중요합니다. 핵심 인원이 참여하지 않으면 원하는 결과물을 얻기가 어려울 소지가 크기 때문입니다.

고객사에 공동 검토를 요청하는 문장에는 다음의 항목을 포함해야 합니다.

고객사에 공동 검토를 요청할 때 필요한 항목
① 검토 방법 및 절차
② 진행방식의 이점·혜택
③ 참석자의 조건

① 검토 방법 및 절차

> 귀사로부터 정보제공 의뢰를 받은 '디지털을 사용해서 지금까지 없었던 보험을 세상에 출시한다'에 대해 귀사와 당사가 함께 모여서 아이디어를 내는 것이 더 효과가 있을 것으로 생각됩니다.

함께 아이디어를 내는 것이 효과적이라고 말하고 있을 뿐 어떤 방식으로 진행할지, 진행 방식이 명확하지 않습니다.

어떤 방법을 사용하여 어떤 절차로 진행할 것인지를 확실하게 써 두지 않으면 고객사는 의미 있는 검토가 될지 불안해 합니다.

 ② 진행방식의 이점·혜택

> 양사가 함께 검토함으로써 귀사의 문제점과 해결 방안의 방향성을 파악할 수 있어 귀사에 정보 제공 및 제안도 보다 더 구체적으로 제시될 수 있을 것으로 보입니다.

함께 검토하면 이점·혜택이 무엇인지 구체적인 내용이 없어 그다지 납득이 되지 않습니다.

왜 함께 검토해야 하는가, 함께 검토하면 어떤 점이 좋은 것인가를 명확하게 작성해야 합니다.

'고객사의 업무 지식과 최근의 시장 변화에 따라 경영 측면에서 우려되고 있는 사항이나 문제점을 공유하고, 제안업체의 신기술을 사용한 성공 사례 등을 함께 취합하다 보면 좋은 아이디어가 나오기 쉽다' 등 이점·혜택을 고려하여 조금 더 구체적으로 내용을 작성하면 설득하기 쉽습니다.

 ③ 참석자의 조건

> 검토회의에 참석 가능한 인원을 선정해 주시면 구체적인 검토 일정을 공유 드리도록 하겠습니다.

인원 선정은 매우 중요합니다. 업무 지식과 비즈니스 이슈에 전혀 관심이나 인식도 없는 사람을 참여시키면 전혀 도움이 되지 않기 때문입니다. 따라서 어느 부문의 어떤 레벨의 인원이 참석해 주었으면 하는지 조건을 명확히 제시해야 합니다.

After 수정 후

안건: 신규 비즈니스 아이디어 도출을 위한 디자인씽킹 요청의 건

한국 디지털 이노베이션 DX디자인실 이영훈입니다.

귀사로부터 정보제공 의뢰를 받은 '디지털을 사용해서 지금까지 없었던 보험을 세상에 출시한다'에 대해 귀사와 당사가 함께 모여서 아이디어를 내는 것이 더 효과가 있을 것으로 생각됩니다.

1. 검토 방법

디자인씽킹 방법을 활용한 워크샵 실시. 당사 세미나실에서 귀사와 당사의 인원을 혼합하여 6명씩 1조로 구성. 디자인씽킹 기반의 새로운 보험 아이디어를 도출한다.

❶ 검토방법·절차를 명확히 쓴다

2. 진행 방식의 기대 효과

업무 및 고객 정보에 강한 귀사의 인원과 디지털 신기술 및 세계 각국의 디지털 프로젝트를 경험한 당사의 인원이 함께 모여 디자인씽킹 기반의 접근을 시도하다 보면 새로운 비즈니스 아이디어가 나오기 쉽다.

❷ 진행 방식의 이점을 쓴다

3. 참석자 선정 요청

영업, 관리, 시스템, 상품개발, 홍보 등 각 부문의 젊은 층, 중견 사원을 중심으로 10명을 선정해 주시기 바랍니다. 젊은 층, 중견 사원이 참석해야 지금까지의 상식에서 벗어나는 새로운 아이디어가 나오기 쉽습니다. 참석자를 선정해 주시면, 구체적인 검토 일정을 공유 드리겠습니다.

❸ 참석자의 조건을 쓴다

정리

① 검토 방법·절차를 명확하게 쓴다

구체적인 진행 방식을 작성합니다. 취지에 맞춰 어떤 방법과 어떤 절차로 진행할 것인지를 설명합니다.

② 진행 방식의 이점을 쓴다

진행방식이 합리적인지, 이렇게 하면 새로운 아이디어를 낼 수 있다 등, 진행 방식의 이점 및 기대 효과를 작성합니다.

③ 참석자의 조건을 쓴다

고객의 문제점을 검토하고 해결하기 위한 방안을 찾기 위해서는 '회사의 중추적인 역할을 담당하는 핵심 인력이 필요하다', '어느 부문의 어떤 인원이 참석해야 한다' 등, 조건을 명확히 제시합니다.

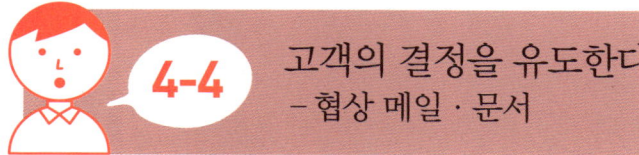

4-4 고객의 결정을 유도한다
– 협상 메일·문서

POINT! 조건이 맞지 않는 부분, 남아 있는 과제, 다음 단계의 명확화

Before 수정 전

안건: 제안설명회 참석에 대한 감사 인사

넥스비전시스템 영업부 정희철입니다.
항상 여러 가지로 감사 드립니다.

먼저 시스템 제안 설명회에 참석해 주셔서 감사합니다.

이번에 발표한 내용은 귀사가 제공한 RFP에서 제시하고 있는 요건을 대부분 충족하고 있다고 생각합니다. ❶

다만, 가장 마지막에 발표했던 '사용자 데이터베이스 검색 기능의 편의성'에 대한 건은 지적해 주신 사항을 고려하여 조금 더 보완할 생각입니다. ❷

이후, 보완된 내용으로 다시 제안하고자 합니다. 잘 부탁드립니다. ❸

이것을 활용해 봅시다!

비즈니스, 특히 영업의 세계에서는 상품과 서비스를 제안하고 나서 계약이 성사되기까지 제안 의뢰업체가 Yes/No를 명확하게 확답을 주지 않을 때가 많습니다.

이때 제안 의뢰를 받은 업체(가령, 공급업체) 측은 지속해서 제안을 추가하며 설득 및 협상을 반복하게 되는데 결국 "No"라는 회신이 오면 제안서 작성 등 영업에 들어간 비용을 회수할 수 없을 뿐만 아니라 영업 사원의 정신적인 피로도도 커집니다.

왜 결정하지 못할까요? 여기에는 몇 가지 이유가 있습니다.

고객이 결정하지 못하는 이유
- 구입할 생각이 없다.
- 가격이 맞지 않다.
- 사내 설득이 어렵다.
- 이후의 진행 절차가 귀찮다.

"Yes"라고 말하지 않는 고객이 결정을 내리게 하려면 결정하지 않는 그 이유를 파악하고 해결 방안에 초점을 맞추어야 합니다.

협상 메일이나 문서로 고객의 결정을 유도하기 위해서는 다음의 항목을 포함해야 합니다.

고객의 결정을 유도하기 위해 필요한 항목
① 조건이 맞지 않는 부분
② 남아 있는 과제
③ 다음 단계

① 조건이 맞지 않는 부분

> 이번에 발표한 내용은 귀사가 제공한 RFP에서 제시하고 있는 요건을 대부분 충족하고 있다고 생각합니다.

문장에서는 발주업체(제안의뢰업체)가 어떤 부분이 조건을 충족하고 있고, 또 어떤 부분이 미흡한지 명확하게 설명되어 있지 않습니다.

조건을 충족하고 있는 부분과 충족하지 않은 부분을 명확히 작성하고 특히 조건을 충족하고 있지 않는 부분은 모두가 인지할 수 있도록 작성해야 합니다.

 ② 남아 있는 과제

> 다만, 가장 마지막에 발표했던 '사용자 데이터베이스 검색 기능의 편의성'에 대한 건은 지적해 주신 사항을 고려하여 조금 더 보완할 생각입니다.

고객이 요구하는 조건 중 충족시키지 못한 과제가 있다면 그 내용을 명확히 하고 그것이 해소되면 '결정'할 수 있는지를 확인해야 합니다.

이러한 확인을 통해 발주사도 빨리 결정해야 한다는 압박감을 가질 수 있기 때문입니다.

③ 다음 단계

> 이후, 보완된 내용으로 다시 제안하고자 합니다. 잘 부탁드립니다.

"보완된 내용으로 다시~"는 제안의 끝이 명확히 보이지 않아 발주사의 입장에서는 어느 정도의 기간이 지나도 계속해서 보완되는 제안을 기다리거나 제안을 받기만 할 뿐 좀처럼 협의가 완료되지 않습니다.

이후에 무엇을 하면 목표에 도달할 수 있는지를 명확히 해야 합니다.

After 수정 후

안건: 제안설명회 참석에 대한 감사 인사

넥스비전시스템 영업부 정희철입니다.
항상 여러 가지로 감사 드립니다.

먼저 시스템 제안 설명회에 참석해 주셔서 감사합니다.

이번에 제안한 기능을 직접 사용해 보시면 귀사가 원하는 '편리한 시스템을 구축할 수 있겠다'는 생각이 드실 것입니다.

또한 설명회에서 발표한 내용은 귀사에서 제공한 RFP(제안의뢰서)의 요건을 대부분 충족하고 있다고 생각합니다.

다만, 오늘 가장 마지막 장의 '사용자의 데이터베이스 검색 기능에 대한 편의성' 부분에서 사용자가 자기 멋대로 데이터베이스를 사용할 수 있다는 지적을 해 주셨는데 이 건만 해결할 수 있다면 도입에는 큰 문제가 없는 것으로 이해해도 될까요?

❶ 조건에 충족하지 않는 부분을 명확히 한다

만약 그렇지 않으면 구체적으로 문제가 될 만한 사항을 명시해 주셨으면 합니다. 데이터베이스를 자기 멋대로 사용할 수 있는 점에 대해서는 별도 추가로 지적해 주실 과제가 있다면 그 과제와 함께 검토해서 다시 한번 제안을 드리고자 합니다.

❷ 남아 있는 과제를 명확히 한다

이 제안으로 문제가 없다면 ○일까지 의견을 주시기 바랍니다.
추가로 과제를 명시해 주신 경우에는 ○일까지 다시 한번 제안을 하도록 하겠습니다.

❸ 다음 단계를 명확히 한다

 정리

① 조건에 충족하지 않는 부분을 명확히 한다

어느 부분이 조건을 충족하고 있고, 어느 부분이 조건을 충족하고 있지 않은지를 포커스를 맞춰 작성해야 합니다.

② 남은 있는 과제를 명확히 한다

조건에 충족되지 않는 사항은 무엇이며, 그것이 해소되면 "Yes"가 되는 것인지를 상대에게 확인하고, 결정을 내릴 수 있도록 유도해야 합니다.

③ 다음 단계를 명확히 한다

상대가 질질 끄는 듯한 태도를 갖지 못하도록 다음 단계를 명확히 해야 합니다.

4-5 고객의 의뢰를 거절한다
– 의뢰 거절 메일·문서

POINT! 의뢰한 측의 '노력의 필요성, 귀찮은 업무 발생, 오히려 역효과나 이슈가 될 만한 이유'를 들어 거절한다.

Before 수정 전

안건: 귀사의 요청 사항에 대해

㈜ 넥스비전시스템 영업부 정희철입니다.
먼저 연락 주셔서 감사합니다.

귀사의 요청 사항을 검토해 보았습니다만, 지금 발생한 추가 요구사항을 시스템에 바로 반영하기에는 문제가 발생할 소지가 많아 작업 일정을 조정하기가 어렵습니다. ❶

단기간의 작업은 품질 확보가 어렵고 사내 프로세스에도 위반되어 곤란한 상황에 처해 있습니다. 이와 같은 사정으로 이번에는 대응이 어려울 것 같습니다. ❷ ❸

요청에 응해 주지 못한 점, 양해 부탁드립니다.

이것을 활용해 봅시다!

고객의 요구는 거절하기 어렵습니다. 그렇다고 거절하지 않고 전부 받아들이게 되면 일이 순조롭게 진행되지 않게 되는 경우도 자주 발생합니다. 일을 원활하게 진행시키기 위해서는 능숙하게 잘 거절할 수 있어야 합니다. 거절하는 문장에서는 '거절하는 이유'가 중요합니다.

> **자신의 상황에 의한 거절 이유**
> - "지금은 시간이 없어서……"
> - "상사가 OK를 해 주지 않아서……"
> - "사내 기준이 맞지 않아서……"

이와 같이 자신의 상황을 이유로 거절을 하게 되면 고객사는 불만만 갖게 됩니다.

고객을 화나게 하지 않게 하기 위해서는 고객의 입장에서 생각해 보고, 고객에게 오히려 단점이 되기 때문에 어쩔 수 없어 거절할 수 밖에 없음을 어필하는 것이 좋습니다.

가령, 고객 측의 이유는 다음과 같이 생각해 볼 수 있습니다.

> **고객 측의 이유**
> - 요청한 작업을 진행하기 위해서는 고객도 추가로 작업이 발생한다는 것을 전달하고 고객이 "귀찮아서 이번에는 이대로 갑시다"로 생각할 수 있는 이유
> - 법령 위반 등의 컴플라이언스 등에 문제가 발생할 수 있다는 것을 전달하고 고객이 "그것은 좀 곤란하네. 그럼 그만 둡시다"로 생각할 수 있는 이유
> - 고객에게 더 간단하고 효과가 있는 대응 방안이 있다는 것을 전달하고 고객이 "그렇게 하는 것이 더 낫다"고 생각할 수 있는 이유

이와 같이 '고객이 기분 좋게 포기하거나 요청을 철회시킬 만한 이유'를 쓰는 것이 기본입니다.

고객의 요구를 거절하는 문장에는 다음의 항목을 조어야 합니다.

> **고객의 요구를 거절할 문장에 필요한 항목**
> ① 고객의 노력이 필요하거나 귀찮아질 작업이 될 만한 이유
> ② 고객사에 오히려 해가 될 만한 대의 명분
> ③ 고객이 직접 판단을 하도록 유도

 ① 고객의 '노력이 필요하거나 귀찮아질 작업'이 될 만한 이유

> 귀사의 요청 사항을 검토해 보았습니다만, 지금 발생한 추가 요구사항을 시스템에 바로 반영하기에는 문제가 발생할 소지가 많아 작업 일정을 조정하기가 어렵습니다.

 거절하기 위해서는 고객에게 '매우 귀찮다'는 생각이 들게 하는 것이 효과적입니다. '귀사의 요구사항 정의 프로세스를 재정비해야 함'과 같은 내용이 기재되어 있으면 고객도 "지금 그런 것까지 진행하기에는 여유가 없기 때문에 이번에는 어쩔 수 없다. 그냥 가자"고 생각하게 될 가능성이 높아집니다.

② 고객사에 오히려 해가 될 만한 대의명분

> 단기간의 작업은 품질 확보가 어렵고 사내 프로세스에도 위반되어 곤란한 상황에 처해 있습니다. 이와 같은 사정으로 이번에는 대응이 어려울 것 같습니다.

거절할 이유로 '장점이 없다', '사내 내부 기준에 어긋난다' 등 나의, 내 부서의, 내 회사의 사정으로 인한 내용은 피해야 합니다.

'귀사에 폐를 끼칠 우려가 있기 때문에 거절한다'는 등의, 고객을 보호하기 위해 어쩔 수 없이 거절할 수밖에 없다는 명분을 써 두는 것이 좋습니다. 이것이 바로 고객을 기분 나쁘게 하지 않으면서도 이득을 취할 수 있는, 능숙하게 거절하는 방법입니다.

 ③ 고객이 직접 판단하도록 유도

> 이와 같은 사정으로 이번에는 대응이 어려울 것 같습니다.

"대응이 어려울 것 같습니다", "보류하겠습니다"와 같은 일방적인 거절은 고객에게 불쾌감을 주게 됩니다.

이때는 "진행 중인 프로젝트의 일정이 지연될 소지가 있어 리스크를 없애고자 합니다만, 어떻습니까?" 등, 고객에게 판단을 맡기는 것이 좋습니다.

After 수정 후

안건: 귀사의 요청 사항에 대해

㈜ 넥스비전시스템 영업부 정희철입니다.
먼저 연락 주셔서 감사합니다.

귀사의 요청 사항을 검토해 보았습니다만, 지금 나온 추가 요구사항을 시스템에 바로 반영하기에는 당사는 물론, 귀사의 요구사항 정의 프로세스를 재정비해야 하는 이슈가 있어 그 시간까지 확보하기는 어려울 것으로 생각됩니다. ― **❶ 상대도 '작업이 필요하고 귀찮은 일'이 될 만한 사항을 쓴다**

또한 단시간에 작업을 하다 보면 품질 확보가 어려워 품질의 불안정으로 오히려 귀사에 더 폐를 끼치지 않을까 우려됩니다. 이번에는 이대로 진행하여 프로젝트 리스크를 배제하는 것이 어떨까 생각합니다. ― **❷ 거절하기 위한 고객 측 대의명분을 쓴다**

이와 같은 상황에 대해 검토 잘 부탁드립니다. ― **❸ 상대가 판단할 수 있도록 쓴다**

정리

① 상대도 '작업이 필요하고 귀찮은 일'이 될 만한 사항을 쓴다

거절하기 위해서는 상대 또한 노력이 필요하고, 귀찮은 일이 생길 수 있다는 것을 알려 줄 수 있으면 더 효과적입니다. "귀사의 요구사항정의 프로세스를 재정비하는 것도 필요하다"와 같은 내용이 기재되어 있으면, 의뢰한 상대 측에서도 "그냥, 이대로 가도 괜찮을 것 같다"고 말할 가능성이 높아집니다.

② 거절하기 위한 '고객 측의 대의명분'을 쓴다

"귀사에 폐를 끼칠 우려가 있기 때문에 거절합니다" 등 상대에게 돌아갈 악영향 등의 대의명분을 작성하여 거절하도록 합니다.

③ 상대가 판단할 수 있도록 쓴다

상대에게 부탁하는 형식으로 배려해 줄 것을 감정에 호소합니다. 일방적으로 거절하는 것이 아니고 어디까지나 고객에게 선택권을 주고 요구한 사항을 철회하도록 유도합니다.

4-6 연습문제
– 제안의뢰서 작성하기

POINT! 아래 전제사항을 바탕으로 제안의뢰서(RFP: Request For Proposal)를 써 봅시다.

전제 사항

- 의뢰한 사람: 김진성(한경보험 영업기획부 담당자)
- 의뢰 받은 사람: 추성환(글로벌 솔루션 시스템 개발업체 담당자)
- 제안 대상 시스템: AIOCR (인공지능을 사용한 문자 인식 코드화 시스템) 도입을 위한 제품 제안 의뢰
- 조건: A4사이즈 2장 정도의 분량으로 제한
- 제안의뢰서 내용: '제안의뢰서에 필요한 정보'의 내용을 취사 선택해서 정리한다.

제안의뢰서에 필요한 정보

- 제안 대상 시스템은 보험신청서 데이터 자동 입력 시스템 AIOCR(인공지능 문자인식)로 손으로 입력한 문자를 코드화하는 기능을 가질 것
- 개발 기간은 3월 1일~12월 20일(시스템 가동일)이지만 가발 기간으로 가동할 수 있는지 일정에 관해서는 개발 업체의 의견을 제시해 줄 것
- 기능면에서는 수작업으로 작성된 보험 신청서의 내용을 AIOCR로 스캔하고, 스캔한 문자를 데이터화해 데이터베이스에 저장할 수 있을 것 문자를 판별할 수 없을 때는 오류 화면을 출력하고 정상으로 입력될 때까지 시스템이 동작되게 할 것. 읽어 들인 문자를 학습해 인식률을 향상시켜 가는 학습 기능을 가질 것. 기타, 유효한 기능이 없는지 벤더사에서 조사해 줄 것
- 성능면에서는 신청서를 스캐너로 읽어 들인 후 읽어 들인 모든 문자를 '인식' 또는 '인식 불능'의 판정을 5초 이내로 할 것(1개의 처리는 5초 이내로 완료할 것)
- 조작이 편리해야 하고 문자 인식을 할 수 없을 경우 손으로 입력할 수 있어야 하며, 데이터를 쉽게 입력할 수 있는 사용자 인터페이스 기능을 만들 것
- 개인정보를 축적할 데이터베이스가 있기 때문에 안전한 보안 대책을 마련해 줄 것
  기타 필요한 보안 대책에 대해서는 벤더사에서 조사해 줄 것
- 1개월 안에 제안해 줄 것
  제안 설명은 김철수 과장, 임원희 계장, 담당자인 김석용 매니저에게 문의
- 이번 제안 의뢰는 4개의 회사에 요청할 예정이며, 여러 회사에 제안 의뢰를 하는 이유는 경쟁 심리를 일으켜서 보다 좋은 제안과 제안 가격을 다운시키는 효과를 꾀하기 위함임.

4-7 연습문제의 해설과 작성 예시

해설

제안의뢰서에는 제안 대상 시스템의 개요, 개발 시기, 필요한 예산, 기능 요건, 비기능 요건, 제안의 절차부터 선정 프로세스, 기타 상대에게 전달해 두면 유익한 항목들을 작성합니다.

위에서 제시한 정보에서 도출하여 작성해 봅시다.

 ① 대상 시스템의 개요, 개발 기간 등의 기초 정보

제안 대상 시스템의 개요 및 특징, 개발 기간 등을 작성합니다.

 ② 기능 요건

무엇을 하기 위한 시스템이며 어떤 기능들이 필요한지를 작성합니다. 구체적으로 작성하면 제안 내용의 질이 높아집니다.

③ 비기능 요건

처리 1개당 처리 시간의 요건 등을 작성합니다. 일반적으로 제안의뢰서의 비기능 요건은 시스템의 기능이 잘 동작할 수 있도록 성능, 품질, 보안 등의 필요 요건을 작성합니다.

 ④ 향후 예정

제안 설명회 일시, 참석자, 문의할 연락처 등을 작성합니다.

 ⑤ 기타, 제안 의뢰처에 전달할 것

경쟁 회사의 수 등을 써 두면 제안하는 측에서도 역량을 더 보여줄 것이고 경쟁 회사를 의식해 비용을 최소화하려는 경향을 보이기도 합니다.

작성 예시

제안의뢰서

글로벌 솔루션㈜
영업부 추성환 귀하

한경보험㈜ 영업기획부 김진성

아래와 같이 제안을 의뢰합니다.

– 아래 –

1. 대상 시스템
보험신청서 데이터 자동 입력 시스템
⇒ 손으로 입력한 문자를 AIOCR(인공지능 문자 인식)로 코드화하는 기능

2. 개발 기간
3월 1일~12월 20일(시스템 가동일)
⇒ 이 개발 기간으로 가동할 수 있는지 일정 가능 여부에 대해 귀사의 의견을 제시해 주시기 바랍니다.

3. 기능 요건
   ① 손으로 작성한 보험 내용을 AIOCR로 스캔하고 그 코드를 데이터화하여 데이터베이스에 저장할 수 있을 것
   ② 스캔한 문자를 판별할 수 없을 경우는 에러 화면을 출력하고 정상적으로 입력될 때까지 처리될 수 있게 할 것
   ③ 읽어 들인 문자는 자동으로 학습되고 인식율을 향상시킬 학습 기능을 가질 것
   ④ 기타 시스템에 유효한 기능을 제안해 줄 것

4. 비기능 요건

　① 성능
- 신청서를 스캐너로 읽어 들인 후 읽어 들인 모든 문자에 대해 '인식' 또는 '인식 불가' 판정을 5초 이내로 할 것

　② 조작 편의성
- 문자 인식을 할 수 없을 경우를 대비하여 수동 입력을 만들고, 수동 입력 시 간단하게 데이터를 입력할 수 있도록 인터페이스를 만들 것

　③ 기타 보안 대책이 마련되어 있을 것
- 개인정보를 축적할 데이터베이스 시스템이므로 안전한 보안 대책이 마련되어 있을 것
  ⇒ 귀사가 생각하는 보안 대책과 보안 기능을 제안해 줄 것

5. 향후 예정

지금부터 1개월 이내에 제안해 주시기 바랍니다. 제안 설명회에 대해서는 당사의 김철수 과장, 임원희 계장, 담당자인 김석용 매니저에게 문의해 주시기 바랍니다.

6. 기타 사항

이번 제안 의뢰는 4개 업체를 대상으로 하고 있으므로 귀사를 통해 해당 시스템을 도입하겠다는 약속을 드릴 수는 없습니다만, 이 분야에서의 최고 업체인 귀사에 보다 좋은 제안을 기대하고 있으므로 잘 부탁드립니다.

　　　　　　　　　　　　　　　　　　　　　　　　　　　　　　　　　이상

실천편

제5장

아이디어나 기획을 검토하고 제안한다

5-1 기획에 필요한 정보를 사외로부터 수집한다 `정보 제공의뢰 메일·문서`
5-2 업무 개선 기획을 검토한다 `업무 개선 기획`
5-3 상사를 설득시킨다 `설득 메일·문서`
5-4 새로운 비즈니스를 기획한다 `신규 비즈니스 기획`
5-5 브레인스토밍, 아이디어를 함께 도출한다 `슬랙 등의 채팅 스타일`
5-6 연습문제 `신규 비즈니스 기획서`
5-7 연습문제의 해설과 작성 예시

5장에서는 아이디어나 기획을 검토하고 제안하기 위해 필요한 문장을 살펴보겠습니다. 정보 제공 의뢰 메일·문서, 업무개선 기획서, 업두 메일·문서, 신규 사업 기획서 이외에 슬랙 등의 채팅 스타일에 대한 문장 작성 방법을 설명하고 작성 예시를 소개합니다.

5-1 기획에 필요한 정보를 사외로부터 수집한다 - 정보 제공의뢰 메일·문서

POINT! 많은 정보원에게 정기적으로 협력을 의뢰할 수 있는 관계를 구축한다.

Before 수정 전

안건: 정보 공유 협조 요청의 건

주식회사 미래비전의 성현철입니다.

저희 회사는 신규 비즈니스 기획 및 시스템 구축에 필요한 디지털 트랜스포메이션(DX)의 최신 사례, 성공 사례 등의 정보를 수집하고 있습니다. ❶
귀사에 그와 같은 정보가 있으시다면 공유 부탁드립니다.

이번에 수집한 정보가 시스템 구축에 반영될지 명확하지는 않지만 어디까지나 사전 검토 차원에서의 정보 수집이므로 현 시점에서는 무엇이든지 괜찮습니다. ❷

다시 한번 말씀 드리면 DX에 관한 정보는 어떤 것이든지 괜찮습니다.
부디 부담 없이 정보를 공유해 주시면 많은 도움이 되겠습니다. ❷

이것을 활용해 봅시다!

기획 등의 업무를 진행하기 위한 필수 요소로 '정보 수집'이 있습니다. 정보를 잘 수집해 자신의 것으로 만들면 비즈니스를 성공시킬 가능성이 높아집니다.

정보 수집이 업무에 도움이 되는 이유는 세상에 이미 나와 있는 것들을 조금만 바꾸어서 모방하면 그것이 중요한 성공 요인이 되기 때문입니다. 새로운 것을 제로부터 생각해서 만드는 것은 매우 어려운 작업이지만 이미 있는 것을 조합시키는 것은 그다지 어렵지 않습니다.

'대량의 정보를 어떻게 조합하여 성공적인 비즈니스 모델을 만들 것인가'를 효율적으로 분석하는 것이 기획을 잘 하는 포인트입니다.

이와 같이 정보를 수집하기 위한 문장에는 다음의 항목을 포함해야 합니다.

정보 수집을 위해 필요한 항목
① 정보를 수집할 수 있는 협력 관계 구축
② 정보제공업체에 부여되는 혜택
③ 정보원의 의지와 전문 분야 파악

---

 ① 정보를 수집할 수 있는 협력 관계 구축

> 저희 회사는 신규 비즈니스 기획 및 시스템 구축에 필요한 디지털 트랜스포메이션(DX)의 최신 사례, 성공 사례 등의 정보를 수집하고 있습니다.
> 귀사에 그와 같은 정보가 있으시다면 공유 부탁드립니다.

갑작스럽게 정보 수집을 부탁하는 것이 아니라 정기적으로 정보 수집을 위한 협력 관계를 만들어야 합니다.

예를 들어, '정보를 제공해 줄 수 있는 기업 모집'이라는 형태로 정보를 수집할 수 있는 기업을 몇 개 정도 평소에 만들어 두는 것이 효과적입니다.

 ② 정보제공업체에 부여되는 혜택

> 이번에 수집한 정보가 시스템 구축에 반영될지 명확하지는 않지만 어디까지나 사전 검토 차원에서의 정보 수집이므로 현 시점에서는 무엇이든지 괜찮습니다.

상대가 정보를 제공해 줌으로써 비즈니스로 연계될 수 있다는 것을 확실하게 써 두지 않으면 상대는 성심 성의껏 정보를 공유해 주지 않습니다. 관계 유지 차원에서 형식적인 자료만 공유해 줄 뿐입니다.

"어디까지나 사전 검토 차원에서의 정보 수집이므로 현 시점에서는 무엇이든지 괜찮습니다."는 것은 좋지 않은 문장입니다. 유익한 정보를 수집하기 위해서는 "협력해 주시면 우선적으로 협상 대상이 된다" 등의 이점 · 혜택을 작성해 두는 것이 좋습니다.

 ③ 정보원의 의지와 전문 분야 파악

> 다시 한번 말씀 드리면 DX에 관한 정보는 어떤 것이든지 괜찮습니다.
> 부디 부담 없이 정보를 공유해 주시면 많은 도움이 되겠습니다.

"~어떤 것이든지 괜찮습니다."라고 쓰여 있는데 어설픈 정보가 너무 많이 모여도 의미가 없습니다. 어디까지나 전문성이 있는 정보를 수집해야 합니다.

전문성이 있는 정보를 수집하려면 어떤 분야의 정보를 어떤 기업이 갖고 있는지 사전에 파악해 두고, 양질의 정보를 효율적으로 수집할 수 있어야 합니다.

After 수정 후

안건: 정보 공유 협조 요청의 건

주식회사 미래비전의 성현철입니다.

저희 회사에서는 미래를 위한 신규 비즈니스 기획 및 시스템 구축에 필요한 정보를 정기적으로 수집하고자 합니다(예: 디지털 트랜스포메이션(DX) 등의 최신 사례, 성공 사례 등). 그래서 저희 회사에 정보를 제공해 줄 수 있는 기업을 모집하고 있습니다. ❶ 평소에 정보를 수집할 수 있는 협력관계를 구축한다

당사는 시스템 구축과 관련된 예산 책정을 수집한 정보를 기반으로 하고 있습니다. 실제로 시스템을 구축하게 되면 정보 제공에 협력해 주신 회사를 우선 대상 기업으로 제안의뢰서(RFP)를 송부하겠습니다. ❷ 정보를 제공했을 때 상대에게 부여할 수 있는 혜택을 제시한다

제안 의뢰는 여러 회사에 송부할 수 있기 때문에 어디까지나 제안 의뢰에 대한 자격 혹은 우선권을 부여하는 것이며 시스템 구축을 약속하는 것은 아니라는 점, 양해 바랍니다.

또한 각 회사에서 제공해 준 정보가 당사의 발주로 연결되지 않더라도 당사의 비즈니스 관심 사항이 귀사의 비즈니스에도 유효한 힌트가 될 수 있다고 생각합니다.

이러한 점들을 고려하여 저희와 뜻을 같이 하고 싶으실 경우 귀사의 도움을 받을 수 있는 전문 분야와 관련 담당자를 회신해 주시기 바랍니다. ❸ 정보원에게 제공받을 정보와 전문 분야를 파악해 둔다

① 평소에 정보를 수집할 수 있는 협력 관계를 구축한다

언제라도 혹은 정기적으로 정보를 수집할 수 있도록 미리 상대와 협력 관계를 구축해 놓으면 유익한 정보를 얻기 쉽습니다.

② 정보를 제공했을 때 상대에게 부여해 줄 수 있는 혜택을 제시한다

상대가 정보를 제공해 주면 어떠한 혜택을 받을 수 있다는 느낌이 들도록 내용을 작성하면 수집되는 정보의 질이 높아지고 정보의 양 또한 많아집니다.

③ 정보원으로부터 제공 받을 정보와 전문 분야를 파악해 둔다

기업에 따라 제공해 줄 수 있는 정보와 전문 분야는 다릅니다. 정보를 수집할 경우, 어떤 주제를 어느 회사에 의뢰할지 판단하기 위해 각 기업의 전문 분야와 제공 받을 수 있는 정보들을 사전에 파악해 둡니다.

5-2 업무 개선 기획을 검토한다
– 업무 개선 기획

POINT! 전문가 등의 의견, 실험 결과, 이해관계자의 목소리? - 설득력을 높인다.

Before 수정 전

안건: 신규 시스템 기획의 건

안녕하세요. IT기획부의 김민경입니다.

당행의 과제인 투자 신탁 상품(이하, 투신) 판매를 위한 지점 내 판매 프로세스의 새로운 모델을 검토해 보았습니다.

당행의 판매원 대부분은 경험 연수가 적기 때문에 투신에 관한 지식과 판매 노하우가 부족합니다.

그래서 지식과 판매 노하우 부족을 보완하기 위해 고객에게 자산 구성, 투자 니즈, 가족 구성, 연 수입 등을 문의하여 고객의 답변 내용을 시스템에 입력하게 되면 투신 설명 화법이 전개되는 기능을 도입하는 것이 좋지 않을까 생각합니다.

지금부터 타사 사례 등을 조사해 볼 예정입니다만, 이와 같은 기능은 당행의 독자적인 기능으로써 충분히 차별화할 수 있다고 생각합니다. ❶

이 기능을 전 지점에 도입하면 당행의 투신 판매를 향상시킬 수 있는 계기를 마련할 수 있을 것으로 판단됩니다. ❷

지점의 판매원들에게도 '도움이 된다'는 좋은 평가를 받을 수 있을 것으로 예상합니다. 검토하시고 의견 부탁드립니다. ❸

이것을 활용해 봅시다!

회사의 조직은 업무 효율을 높이기 위해 업무 개선 방안(업무 개선 기획) 도출이라는 과제를 진행합니다. 업무 개선 방안이 도출되면 상사나 관계 부문 등, 많은 사람들에게 업무 개선 계획을 설명하고 설득해야 합니다.

비슷한 사례가 이미 있는지, 사례가 있다면 잘 진행되고 있는지, 전문가(컨설턴트 등)의 의견(기사, 댓글)이나 실증된 실험 결과 등과 현장, 거래처, 고객처 등 이해 관계자의 목소리·의견을 모두 취합하여 업무 개선 기획에 대한 성공의 가능성을 어필하면 훨씬 설득력이 높아집니다.

따라서 업무 개선 기획을 통과시키기 위한 문장에는 다음의 항목을 포함해야 합니다.

> **업무 개선 기획에 필요한 항목**
> ① 타사 사례 및 전문가 등의 의견
> ② 실증 실험의 결과
> ③ 이해관계자의 목소리·의견

 ① 타사 사례 및 전문가 등의 의견

> 지금부터 타사 사례 등을 조사해 볼 예정입니다만 이와 같은 기능은 당행의 독자적인 기능으로써 충분히 차별화할 수 있다고 생각합니다.

제안할 아이디어가 널리 세상에 화제가 된 내용이거나 전문가의 의견 등이 포함되어 있으면 설득력을 높이는 데 큰 효과를 얻을 수 있습니다.

그러나 이 문장은 그러한 것이 없기 때문에 전혀 설득력이 없습니다.

 ② 실증 실험의 결과

> 이 기능을 전 지점에 도입하면 당행의 투신 판매를 향상시킬 수 있는 계기를 마련할 수 있을 것으로 판단됩니다.

성공을 확신할 수 있는 수치적인 정보가 없는 기획에는 찬성의 손을 쉽게 들어 줄 수가 없습니다. 소규모라도 실제로 검증하여 검증한 결과를 기획 자료로 사용하는 것이 설득시키는 데 효과가 있습니다.

 ③ 이해관계자의 목소리 · 의견

> 지점의 판매원들에게도 '도움이 된다'는 좋은 평가를 받을 수 있을 것으로 예상합니다. 검토하시고 의견 부탁드립니다.

실제로 현장에 물어 보는 것도 설득력을 높이는 데 많은 도움이 됩니다.

이해관계자들이 비협조적인지, 꼭 해보고 싶은 의지가 있는지, 중립적인 입장인지 등을 조사해 업무 개선 기획서에 포함합니다.

실제 실무를 하고 있는 현장의 사람들이 어떻게 생각하는지는 의사 결정의 핵심이 됩니다.

After 수정 후

안건: 신규 시스템 기획의 건

안녕하세요. IT기획부의 김민경입니다.

당행의 과제인 투자 신탁 상품(이하, 투신) 판매를 위한 지점 내 판매 프로세스에 대해 새로운 모델을 검토해 보았습니다.

당행의 판매원 대부분은 경험 년수가 적기 때문에 투신에 관한 지식과 판매 노하우가 부족합니다.

이러한 것들이 이슈가 되어 타 은행에서도 매뉴얼을 정비하고 있으며 시스템에 판매 가이던스 기능을 탑재하는 등, 개선 작업이 진행되고 있다는 것을 비즈니스 잡지와 컨설턴트로부터 확인했습니다. ― ❶ 타사 사례나 전문가 등의 의견을 제시한다

당행에서도 경험 부족을 보완하고 판매 노하우를 향상시키기 위해 고객에게 자산 구성, 투자 니즈, 가족 구성, 연 수입 등을 문의하여 고객의 답변 내용을 시스템에 입력하면 투신 설명 화법이 전개되는 기능을 도입하는 것이 좋지 않을까 생각합니다.

검증을 위해 당행 C지점에 가서 경험이 적은 판매원 6명에게 판매 가이던스 기능을 탑재한 데모용 시스템을 제공하여 실제 사용하게 해 본 결과, 판매 성적이 약 30% 증가하였습니다. ― ❷ 실증 실험 결과를 제시한다

설문 조사 결과, 판매원과 지점장 모두에게 좋은 평판을 받았습니다(설문 결과 별도 송부). ― ❸ 이해관계자의 목소리를 제시한다

의견 부탁드립니다.

 정리

① 타사 사례나 전문가 등의 의견을 제시한다

사례의 성공 요인을 분석하거나 전문가의 견해 등을 써 두면 객관적인 판단과 설득력을 높일 수 있습니다.

② 실증 실험 결과를 제시한다

실증 실험을 해서 그 결과를 제시하면 설득력을 높일 수 있습니다.

③ 이해관계자의 목소리를 제시한다

현장 실무 담당자, 관리자의 목소리·의견을 작성해 두면 설득력을 높일 수 있습니다.

5-3 상사를 설득시킨다
– 설득 메일 · 문서

POINT! '상사의 입장에서 상사가 신경 쓰는 부분'에 포커스를 맞춘다.

Before 수정 전

안건: 신규 시스템 기획의 건

제1개발팀의 서종훈입니다.

오늘 회의에서 기획을 경청해 주시고 코멘트까지 해 주셔서 진심으로 감사드립니다. ❶

코멘트해 주신 사항은 지금부터 해결 방안을 찾고자 합니다. ❷

이번에 제안한 기획은 당사 최초의 대형 프로젝트이기 때문에 신중한 판단이 필요한 것은 잘 알고 있습니다. 그렇지만 당사도 새로운 비즈니스 모델이 시급히 필요하다고 생각합니다. 다시 한번 검토 부탁드립니다. ❸

이것을 활용해 봅시다!

상사를 설득할(No → Yes) 문장을 작성하려면 처음에는 'No'에 포커스를 맞춰서 생각해 보는 것이 중요합니다. 상사의 입장에서 반대할 포인트는 상사의 입장이나 경험에 따라 따르기 때문에 반대할 만한 논점이나 정보를 사전에 수집하여 대응하여야 합니다.

상사가 신규 시스템 도입을 위한 기획을 작성해 오라고 했더라도 상사는 자신의 입장에서 다음과 같은 '반론을 제기할만한 논점'들을 이미 가지고 있습니다.

> **상사가 반론을 제기할만한 논점**
> - 신규 시스템 도입에 따른 수익성은? 너무 낮은 것 아닌가?
> - 자사에서 준비할 수 없는 것은?
> - 사용할 수 있는 시스템이 안 되면?
> - 시스템 조작이 어렵지 않은가?
> - 투자 비용 대비 효과가 없으면?
> - 비용이 너무 드는 것은 아닌가?
> - 예정 기일까지 완성할 수 있는가?

반대하는 상사에게는 그만한 '이유'가 있기 때문에 이유를 분석하여 상사가 납득할 만한 대책을 작성해야 합니다. 논리적으로 반박할 만한 사항이 없는데도 반대를 하는 상사에게는 열정을 전달하면 효과가 있습니다.

'새로운 기획을 실현하여 회사의 성장에 도움이 되고 싶다'는 열정이 상사의 마음을 움직일 수 있듯이 사람은 논리만으로 움직이지 않는 경우도 많습니다.

이와 같이 설득하는 문장에는 다음의 항목을 포함해야 합니다.

상사를 설득하기 위해 필요한 항목
① 상사가 반대할 만한 논점을 명확히 한다.
② 구체적인 대책을 쓴다.
③ 열의를 보인다.

 ① 상사가 반대할 만한 논점을 명확히 한다

> 오늘 회의에서 기획을 경청해 주시고 코멘트까지 해 주셔서 진심으로 감사드립니다.

반대하고 있는 상사에게는 이유가 무엇인지 파악해 신중하고 심도 있게 대응해야 합니다. 그런데 이 문장에서는 코멘트 내용도, 그 이유도 알 수가 없습니다.

 ② 구체적인 대책을 쓴다

> 코멘트해 주신 사항은 지금부터 해결 방안을 찾고자 합니다.

상대가 반대하는 논점을 어떻게 해결할 것인지 명확히 써야 하는데 이 문장에는 해결 방안이 아무것도 기재되어 있지 않습니다.

어떤 방법으로 해결할 것인지, 대책 방안을 구체적으로 작성해야 합니다.

 ③ 열의를 보인다

> 이번에 제안한 기획은 당사 최초의 대형 프로젝트이기 때문에 신중한 판단이 필요한 것은 잘 알고 있습니다. 그렇지만 당사도 새로운 비즈니스 모델이 시급히 필요하다고 생각합니다. 다시 한번 검토 부탁드립니다.

작성한 기획을 통과시키기 위해서는 열의도 필요합니다. 그런데 문장에서는 그다지 열의를 느낄 수가 없습니다.

자신이 이 기획을 어떻게 검토했으며 어떤 방식으로 진행할 예정이고 현재 상황에 '어떤 문제 의식을 갖고 있는지' 등의 내용을 작성해 어떻게든 이 기획을 추진하고 싶다는 열의를 보여줘야 합니다.

After 수정 후

안건: 신규 시스템 기획의 건

제1개발팀의 서종훈입니다.

오늘 회의에서 기획을 경청해 주시고 코멘트까지 해 주셔서 진심으로 감사 드립니다.

아래와 같이 부장님께서 말씀해 주신 코멘트를 이해하고 있습니다.

"상품 컨셉이 애매하고 게다가 새로운 시장에 진입할 수 있는 노하우가 지금 당사에는 당장 없기 때문에 금전적·인적 자원 투입 대비 얻을 수 있는 것이 적은 것 같다." ― ❶ 상사가 반대하고 있는 논점을 명확히 쓴다 이번에 제안한 기획은 당사 최초의 대형 프로젝트이기도 하기 때문에 신중한 판단이 필요한 것은 잘 알고 있습니다. 그렇지만 당사도 새로운 비즈니스 모델이 시급히 필요하다고 생각합니다.

그래서

- ❶ 상품 컨셉을 명확히 한다.
- ❷ 신규 시장에 진입할 수 있는 노하우 습득에 관한 대책을 검토한다.
- ❸ 투입할 금전적·인적 자원을 고찰한다.

❷ 구체적인 대책을 쓴다

이와 같이 신규 비즈니스의 리스크를 최대한 줄일 수 있는 방향으로 다시 검토하고자 합니다.

또한 이번 기획에 문제점이 있는지 하나하나 다시 살펴보고 부족한 사항이 있으면 대응하도록 하겠습니다. 앞으로 이 도전은 저희 중견 사원들이 의기 투합하여 이끌어 갈 것입니다. ❸ 열의를 보인다

아무쪼록 다시 한번 검토 부탁드리며 1주일 후에 실시할 기획 제안 설명회에 참석해 주셨으면 합니다. 일정이 확정되면 다시 공유 드리겠습니다. 감사합니다.

정리

① 상사가 반대하고 있는 논점을 명확히 한다

반대하고 있는 논점을 명확히 하고 상사와 공유합니다.

② 구체적인 대책을 쓴다

No → Yes로 되려면 무엇을 하면 되는지를 명확히 정의하고 상사와 협의합니다.

③ 열의를 보인다

상사의 마음에 호소하는 열의를 나타내는 문장을 작성합니다.

5-4 새로운 비즈니스를 기획한다
– 신규 비즈니스 기획

POINT! 차별화 포인트, 사업성 및 준비 가능 여부를 판단할 수 있는 근거를 작성한다.

Before 수정 전

외국인 여행자를 위한 '체험형 상품' 비즈니스 기획서

기획부 박영준

〈기획의 개요〉
- 방한 외국인 여행자를 위한 상품을 판매
- 명동, 인사동에 가게를 열어 외국인이 좋아하는 상품을 판매
- 화장품, 의류, 생활잡화, 지방 공예품 등이 상품 후보
- 외국인 여행자를 모집하는 여행 회사와 제휴하여 가게로 유도

❶

〈사업성 판단 요소〉
- 외국인 여행자를 위한 체험형 상품은 호조
- 도예, 한복 입어보기, 활 쏘기, 승마 등 체험형 상품 판매 건수는 증가
  ------ 매출이 꽤 오를 것이라고 생각됨.
- 경주, 부산 등에서는 유사한 체험형 상품(코스프레)을 제공할 가게가 늘고 있으며 호조를 띠고 있는 양상임.

❷

〈사업 준비물 = 사업 개시가 용이함〉
- 가게에 준비할 것은 그다지 없으며 준비할 물건 또한 모두 손쉽게 준비할 수 있는 것으로, 사업 개시는 어렵지 않을 것으로 생각됨.
- 실제 업무 절차도 임대 업계의 업무 절차를 응용할 수 있으므로 어렵지 않을 것으로 판단됨.

❸

이것을 활용해 봅시다!

　새로운 사업 혹은 비즈니스를 검토한 결과물인 신규 비즈니스 기획서에는 제안한 내용을 계속해서 검토를 진행해도 되는지, 승인을 받을 수 있도록 작성되어야 합니다.

　신규 비즈니스 기획서에는 다음의 항목을 포함해야 합니다.

신규 비즈니스 기획에 필요한 항목

① 비즈니스 아이디어
　　──── 누구에게 무엇을 팔 것인가

② 차별화 포인트
　　──── 다른 유사한 비즈니스와의 차별화된 '판매 전략(세일즈 포인트)'이 무엇인가

③ 사업성을 판단할 수 있는 근거 자료
　　──── 유사 사례의 상황
　　──── 설문 결과(시장 조사) 등

④ 사업 개시의 장애물(준비 정도)
　　──── 설비, 장비
　　──── 실제 업무 절차 등
　　──── ICT(시스템, 모바일 애플리케이션 등)

① 비즈니스 아이디어
② 차별화 포인트

〈기획의 개요〉
- 방한 외국인 여행자를 위한 상품을 판매
- 명동, 인사동에 가게를 열어 외국인이 좋아하는 상품을 판매
- 화장품, 의류, 생활잡화, 지방 공예품 등이 상품 후보
- 외국인 여행자를 모집하는 여행 회사와 제휴하여 가게로 유도

신규 비즈니스 기획에서 가장 중요한 것은 '다른 비즈니스와 어떻게 다른가?'라는 차별화 포인트입니다.

예시 문장의 경우, 외국인에게 상품을 판매하는 비즈니스는 상당히 많이 있습니다. 그런데 문장에서는 '외국인이 좋아하는 상품을 판매'한다고 밖에 기재되어 있지 않습니다. 즉, 차별화 포인트가 없습니다.

이렇게 작성하면 신규 비즈니스가 타 상품과의 경쟁에서 이길 수 있다는 것인지 도무지 판단할 수가 없습니다. 확실한 차별화 포인트가 없다면 기획서로써는 이미 설득력을 잃은 것입니다.

③ 사업성을 판단할 수 있는 근거 자료

〈사업성 판단 요소〉
- 외국인 여행자를 위한 체험형 상품은 호조
- 도예, 한복 입어보기, 활 쏘기, 승마 등 체험형 상품 판매 건수는 증가
  ── 매출이 꽤 오를 것이라고 생각됨.
- 경주, 부산 등에서는 유사한 체험형 상품(코스프레)을 제공할 가게가 늘고 있으며 호조를 띠고 있는 양상임.

 기획서에는 사업성을 판단할 수 있는 근거가 필요합니다. 판단 근거를 보고 사업 검토를 계속 진행해야 할지 판단할 수 있기 때문입니다.
 그러나 이 문장은 '매출이 꽤 오를 것이라고 생각됨', '호조를 띠고 있는 양상임'으로만 작성되어 있을 뿐 객관적인 어떤 근거가 전혀 없습니다. 이러한 기획서로는 검토조차도 진행될 수 없습니다.

 ④ 사업 개시의 장애물(준비 정도)

〈사업 준비물 = 사업 개시가 용이함〉
- 가게에 준비할 것은 그다지 없으며 준비할 물건 또한 모두 손쉽게 준비할 수 있는 것으로, 사업 개시는 어렵지 않을 것으로 생각됨.
- 실제 업무 절차도 임대 업계의 업무 절차를 응용할 수 있으므로 어렵지 않을 것으로 판단됨.

새로운 사업을 시작하려면 무엇을 준비해야 할지, 어떤 장애물들이 놓여 있는지 등을 판단할 수 있어야 합니다.

그런데 문장에서는 대략적으로 '어렵지 않을 것으로 판단됨'이라고 밖에 쓰여 있지 않습니다.

이 문장은 정말 이대로 진행해도 되는 것인지, 다른 리스크는 없는지 판단할 수가 없어 설득력이 떨어집니다.

After 수정 후

외국인 여행자를 위한 '체험형 상품' 비즈니스 기획서

기획부 박영준

〈기획의 개요〉

- 방한 외국인 여행자를 위한 체험형 상품을 판매
- 명동, 인사동에 가게를 열어 외국인에게 코스프레 상품을 판매
- 외국인은 코스프레 상태로 명동이나 인사동에서 쇼핑
- 시작과 마지막에 사진·동영상 촬영(촬영전문가)

〈차별화 포인트(오리지널 부분)〉

- 외국인 여행자에게 토산품, 일상품을 판매하는 것은 다른 가게와 전혀 차별화되지 않음.
- 외국인이 좋아하는 한국식 체험형 상품에 승산의 기회가 있음
  - ----- 왕과 왕비 코스프레
  - ----- 양반과 노비 코스프레
  - ----- 장군과 군졸 코스프레
- 코스프레 사진·동영상을 SNS에 투고하는 체험형 상품

❶ 비즈니스 아이디어의 차별화 포인트를 명확히 쓴다

〈사업성 판단 요소〉

- 외국인 여행자를 위한 체험형 상품이 호조를 띠고 있음.
- 도예, 한복 입어보기, 활 쏘기, 승마 등 체험형 상품 판매 건수 증가
  - ----- 1년 간 매출 50% 향상

❷

제5장_아이디어나 기획을 검토하고 제안한다

- 외국인 여행자 1,000명 설문조사
  ----- 한국의 왕과 왕비, 양반과 노비, 장군과 군졸 복장에 흥미가 있다. 입어보고 싶다는 회답이 80%이상
- 경주, 부산 등에서는 유사한 체험형 상품(코스프레)을 제공하는 가게가 100여 개 이상. 매출도 70% 증가

❷ 사업성을 판단할 수 있는 근거를 쓴다

〈사업 준비물 = 사업 개시가 용이함〉
- 가게에서 준비할 것은 점포, 옷, 카메라, 프린터 등으로 특별한 것은 없음.
- 실제 업무 절차로는 예약 접수 받기, 옷 입혀주기, 사진·동영상 촬영이고, 이외 특별한 것은 없음.

〈준비할 ICT(시스템 측면)〉
- 모바일에 설치할 예약 시스템
- 요금 지불 시스템 → 신용카드, 모바일 결제 등을 사용할 수 있을 것

❸ 사업 개시 시 필요한 준비 사항을 쓴다

 **정리**

① **비즈니스 아이디어의 차별화 포인트를 명확히 쓴다**

기획할 신규 비즈니스가 다른 유사한) 비즈니스와의 차이점이 무엇인지, 제안하는 차별화 포인트가 무엇인지를 확실하게 씁니다.

② **사업성을 판단할 수 있는 근거를 쓴다**

사업성이 있는지 판단할 수 있는 근거를 씁니다. 유사 사례, 설문 결과 등. '이것은 히트할 것 같다. 정말 잘 될 것 같다'고 설득시킬 수 있을 만한 근거를 씁니다.

③ **사업 개시 시 필요한 준비 사항을 쓴다**

사업을 개시할 때 발생될 장애물의 정도는 기획을 본격적으로 검토할지, 말지를 판단하기 위한 근거가 됩니다. 사업을 개시하기 위해서는 사전에 어떤 것들이 준비되어야 하는지, 준비해야 할 사항들은 쉽게 준비할 수 있는지의 내용을 씁니다.

5-5 브레인스토밍, 아이디어를 함께 도출한다 – 슬랙 등의 채팅 스타일

POINT! 기본 규칙을 정한다. 안건을 준비한다. 의견이나 아이디어가 나오면 바로 반응한다.

Before 수정 전

브레인스토밍을 위한 방(참가자 20명)

2021년 2월 17일(수)

 동천(Dong Cheon) 13:12
새로운 보험 비즈니스 아이디어를 내 주세요. 멤버라면 누구나 가능합니다. 여러분의 자유로운 의견, 아이디어를 써 주세요. ❶
누군가, 제일 먼저 아이디어를 내 주지 않겠습니까? 잘 부탁합니다. ❷

2021년 2월 17일(수)

 장일 오(Jangil Oh) 13:20
처음이라서… 어떤 아이디어를 쓰면 되는지 헷갈립니다.

❸

2021년 2월 20일(토)

 동천(Dong Cheon) 11:30
어쨌든 무엇이라도 좋으니까 내 주세요.

 **이것을 활용해 봅시다!**

업무 향상을 위한 아이디어를 도출할 때 슬랙(Slack) 등의 채팅 프로그램을 사용하여 온라인에서 브레인스토밍(자유롭게 의견을 내는 행위)을 할 때가 종종 있습니다.

이러한 브레인스토밍은 사전에 주의해야 할 사항을 정의해 두는데 그것을 브레인스토밍 규칙이라고 합니다. 이렇듯 아이디어를 낼 때는 다음과 같은 규칙들이 있습니다.

아이디어를 낼 때의 기본 규칙
1. 타인의 아이디어를 비판하지 않는다.
2. 타인의 아이디어에 탑승하지 않는다.
3. 소비자의 시점에서 재미있다고 생각되는 사항을 찾아본다. 회사의 시점에서 생각하지 않는다.
4. 타인의 아이디어로 좋다고 생각되면 "좋네"라고 적극적으로 반응한다.
5. 다른 기사 등을 적극적으로 인용한다.

이러한 기본 규칙은 온라인뿐만 아니라 실제 회의를 통해 대면으로 진행하더라도 마찬가지입니다. 실제 대면으로 진행하는 것보다 온라인에서 브레인스토밍이나 아이디어 내기를 진행할 때가 오히려 의견이 잘 나오지 않고 원활하게 진행되지 않을 때가 많아서 보다 더 철저하게 기본 규칙을 정의하고 준수해야 합니다.

온라인에서 브레인스토밍이나 아이디어를 도출할 대의 문장에는 다음 항목을 포함해야 합니다.

브레인스토밍, 아이디어 도출에 필요한 항목
① 기본 규칙
② 계기 혹은 실마리가 될 만한 기사, 의견
③ 다른 사람으로부터 나온 의견이나 아이디어에는 빠르게 반응

 ① 기본 규칙

여러분의 자유로운 의견, 아이디어를 써 주세요.

"자유롭게 의견, 아이디어를 써 주세요."라고 쓰면, 여러 가지 잡다한 의견이나 아이디어가 나오기 쉽고 결국에는 수습되지 않습니다.

게다가 다른 사람의 의견을 비판하는 사람이 나오는 등 브레인스토밍 자체가 엉망이 될 수 있으므로 먼저 기본 규칙부터 작성해야 합니다.

 ② 계기 혹은 실마리가 될 만한 기사, 의견

누군가 제일 먼저 아이디어를 내 주지 않겠습니까? 잘 부탁합니다.

처음에는 의견이나 아이디어가 좀처럼 나오지 않을 것입니다. 그래서 재미있고 도움이 될 만한 기사나 문헌을 소개하거나 자신의 의견을 먼저 내는 등, 계기를 만들어야 합니다.

 ③ 다른 사람으로부터 나온 의견이나 아이디어에는 빠르게 반응

2021년 2월 17일(수)
 장일 오(Jangil Oh) 13:20
처음에는 꽤 허들이 많습니다. 어떤 아이디어를 쓰면 되는지 헷갈립니다.

2021년 2월 20일(토)
 동천(Dong Cheon) 11:30
어쨌든 무엇이라도 좋으니까 내 주세요.

여기에서는 의견이 나오고 나서 3일이나 지나 반응하는 등, 별다른 의견을 내고 있지 않습니다. 이러한 운영은 브레인스토밍과 아이디어 도출이 잘 될 수가 없습니다.

After 수정 후

2021년 2월 17일(수)

동천(Dong Cheon) 13:12

새로운 보험 비즈니스 아이디어를 내 주세요. 멤버라면 누구나 가능합니다.

● 기본 규칙은 다음과 같음
  1. 타인의 아이디어를 비판하지 않는다.
  2. 타인의 아이디어에 탑승하지 않는다.
  3. 소비자의 시점에서 재미있다고 생각되는 사항을 찾아본다. 회사의 시점에서 생각하지 않는다.
  4. 타인의 아이디어로 좋다고 생각되면 "좋네"라고 적극적으로 반응한다.
  5. 다른 기사 등을 적극적으로 인용한다.

❶ 기본 규칙을 쓴다

다른 사람에게도 브레인스토밍 및 아이디어 도출에 참여할 수 있도록 많이 공유해 주세요.

2021년 2월 17일(수)

동천(Dong Cheon) 13:20

새로운 보험 비즈니스 아이디어를 내 주세요. 멤버라면 누구나 가능합니다.

저의 아이디어는 다음과 같습니다.
  • 자동차에 센서를 부착하여 안전 운전 포인트를 부여한다.
  • 일정 포인트가 되면 무료 쿠폰이 모바일에 보내지고,
  • 편의점에서 음료수나 김밥, 샌드위치와 교환할 수 있다

〈혜택〉
  • 안전 운전이 된다.
  • 편의점에서 쿠폰을 사용하다 보면 적당히 휴식을 취할 수 있다.
  • 편의점은 손님이 증가한다 등 이런 서비스 괜찮을 것 같지 않아요?

❷ 계기가 될 만한 기사나 의견을 쓴다

2021년 2월 17일(월)

장일 오(Jangil Oh) 13:25
재미있네요. 이 서비스에 등록하고 있는 운전사들끼리 경쟁을 시키면 더 재미있지 않을까요?

안전 운전 포인트로 전국 순위 선정이나 월간표창, 연간표창 등. 자동차 회사의 스폰을 받아 상품을 받는 등.

2021년 2월 17일(월)

동천(Dong Cheon) 13:30
그것 좋은 생각합니다. 접수할게요. 아이디어에 추가하겠습니다. ❸ 다른 사람이 낸 의견이나 아이디어에 빠르게 반응한다

 정리

① 기본 규칙을 쓴다
아이디어 도출의 기본 규칙(권장사항, 금지사항)을 써 둡니다.

② 계기가 될 만한 기사나 의견을 쓴다
어떤 것을 아이디어로 작성해야 할지 몰라서 의견이나 아이디어 내기를 꺼리는 사람도 있을 수 있으므로 계기가 될 만한 기사나 자신의 아이디어를 써서 시동을 걸어 봅니다.

③ 다른 사람이 낸 의견이나 아이디어에 빠르게 반응한다
다른 사람이 낸 의견이나 아이디어에 가능하면 바로 반응합니다. 빠르게 반응할수록 새로운 의견이나 아이디어가 나오기 쉽습니다. 이 점을 유념해 두시기 바랍니다.

5-6 연습문제
– 신규 비즈니스 기획서 작성하기

POINT! 아래 전제사항을 바탕으로 신규 비즈니스 기획서를 써 봅시다.

전제 사항

- 기획자: 김동호(행복가구 기획부 담당자)
- 제안처: 안상수(행복가구, 상품서비스 기획 과장)
- 기획 내용: 젊은 층, 독신자, 맞벌이 부부용 가구 임대 서비스 기획
- 조건: 프레젠테이션 슬라이드 4장 정도의 분량
- 기획서 내용: 아래의 내용을 취사 선택해서 정리한다.

신규 비즈니스 기획서에 필요한 정보

- 이사가 많은 젊은 층이나 독신자, 맞벌이 부부 가족용으로 가구를 임대(월 30,000원)해 주는 서비스를 제공한다.
- 이사가 많으면 가구의 운반 비용이 많이 들기 때문에 이러한 애로사항을 만족시켜 줄 수 있는 서비스다. 부동산 임대업과 제휴해서 소가를 받거나 모바일폰으로 신청 가능하다. 2년 계약으로 이용할 수 있으며, 이사 등으로 거주지를 옮길 때는 계약이 종료되거나 가구를 구매할 수 있다. 가구가 마음에 들지 않을 경우에는 1회만 무료로 교환이 가능하다.
- 경쟁 업체인 가구 임대 서비스와 비교해서 가격을 싸게 한다(업계 최저가 수준).

- 디자인을 배운 스텝이 주거자의 취향이나 이미지에 맞춰 가구를 토털 코디네이션 한다. 마음에 들지 않으면 1회만 무료로 교환할 수 있다. 재차 교환하고 싶을 경우는 유료로 가능하다. 가구는 모바일폰에서 간단하게 선택할 수 있으며 가상 현실을 사용하여 실제로 방에 가구를 설치한 상태를 사전에 확인할 수 있다.
- 유사 서비스는 해외에서는 수백 억의 실적이 나고 있으며 국내에서는 가구·가전이 포함된 일체형 맨션이 호조로 최근 성장 중이다(이용 매출은 년 20%씩 성장).
- 가구가 포함된 맨션의 이용자 100명에게 설문한 결과, 가구는 사거나 이사할 때 귀찮기 때문에 빌리는 쪽이 편하고 좋다는 의견이 90% 이상이다. 부동산 임대업 A사에 따르면, 가구 준비나 이사가 귀찮아서 타당한 가격의 임대 서비스가 있다면 사용하고 싶다는 얘기가 많다(약 500명을 대상으로 조사한 결과 월 30,000원이면 빌리고 싶다가 80%).
- 가구 판매, 임대를 취급하고 있는 당사는 임대형 가구 서비스의 노하우와 설비, 자료 등이 있어 장애물은 거의 없다. 업무 절차 또한 예약 접수, 가구 할당, 가구 배송, 거래 등의 임대 경험을 활용할 수 있어 별다른 이슈는 없다. 단, 모바일에서 사용할 수 있는 예약 시스템과 방에 어울리는 가구를 선택할 수 있는 가상 현실 시스템을 준비해야 한다. 노하우를 갖고 있는 업체에게 제안을 의뢰한 결과, 실현 가능하다고 회답이 와서 이 또한 장애물은 거의 없다.

 **5-7 연습문제의 해설과 작성 예시**

해설

신규 사업 기획서에는 상품이나 서비스의 개요, 차별화 포인트, 사업성 판단 근거, 사업 개시의 용이성 등을 씁니다. 이러한 항목들이 일목요연하게 적혀있으면 실현 가능한 계획인지 아닌지를 판단할 수 있기 때문입니다.

위에서 제시한 정보에서 도출하여 작성해 봅시다.

 ① 기획의 개요

기획하고 있는 상품이나 서비스의 개요, 특징, 판로 등을 씁니다.

 ② 차별화 포인트

다른 서비스와 무엇이 다른지, 어떠한 것들이 판매되고 있는지를 씁니다.

 ③ 사업성 판단 근거

기획한 사업이 성공 가능성이 있는지, 사업에 걸림돌이 될 만한 리스크는 없는지 등을 판단할 수 있는 근거를 씁니다.

④ 사업 개시의 용이성

이미 유사한 비즈니스의 경험이 있어서 자사의 과거 업무 노하우를 살릴 수 있다거나 사업을 개시할 때 걸림돌이 될 만한 큰 장애물은 없다 등, 사업 개시를 위한 준비의 용이성의 관점을 씁니다.

작성 예시

신규 비즈니스 기획서

**젊은 층, 독신자, 맞벌이 부부용
가구 임대 기획서**

비즈니스 기획부
김동천

〈기획의 개요〉
- 이사가 많은 젊은 층이나 독신자, 맞벌이 부부 가족을 위해 가구를 임대(월 30,000원에 사용 가능)해 주는 서비스를 제공한다.
- 부동산임대업과 제휴하여 소개를 받거나 고객이 모바일폰으로 신청한다. 2년 계약으로 이용 가능하다.
- 이사를 할 때는 계약이 종료되거나 가구를 구매할 수 있다.
- 가구가 마음에 들지 않을 경우는 1회만 무료로 교환이 가능하다.

〈차별화 포인트(오리지널 관점)〉
- 경쟁업체의 가구 임대 서비스와 비교했을 때, 가격이 저렴하다.
  ⇒ 업계 최저가 수준
- 디자인을 배운 스텝이 거주자의 취향이나 이미지에 맞춰 가구를 토탈 코디네이션을 해 준다.

- 마음에 들지 않으면 1회만 무료로 교환가능하며 2회 이상 교환할 경우는 유료로 한다.
- 가구는 모바일폰에서 간단하게 선택할 수 있으며 가상 현실을 사용하여 실제로 가구를 방에 설치한 상태를 사전에 확인할 수 있도록 한다.

〈사업성 판단 요소〉
- 유사 서비스
  ⇒ 해외에서는 수백 건의 실적이 있으며 국내에서는 가구가 포함된 맨션이 호조로 성장 추세다.
  ⇒ 이용 매출은 년 20%씩 성장되고 있다.
- 이용자 설문 조사
  ⇒ 가구가 포함된 맨션의 이용자 100명을 대상으로 조사한 결과, 가구는 사거나 이사할 때 귀찮아서 빌리는 편이 편하고 좋다는 의견이 90% 이상이다.
- 예측되는 일반 고객의 목소리
  ⇒ 가구, 가전의 준비나 이사가 귀찮기 때문에, 타당한 가격의 임대 서비스가 있다면 사용하고 싶다는 사람이 많다.(부동산임대업 A사 조사 결과)
  ⇒ 약 500명을 대상으로 조사한 결과 월30,000원이면 빌리고 싶다가 80%이다.

〈사업 준비물 = 사업의 개시 용이성〉
- 가구 판매, 임대를 취급하고 있는 당사는 임대형 가구 서비스에 대한 경험과 노하우, 설비, 자료 등이 있어 장애물은 거의 없다.
- 무 절차도 예약 접수, 가구 할당, 가구 배송, 거래 등으로 임대 경험을 활용할 수 있어 별다른 이슈는 없다.
- 모바일에서 사용할 수 있는 예약 시스템과 방에 어울리는 가구를 선택할 수 있는 가상 현실 시스템이 필요하다.
  ⇒ 노하우를 갖고 있는 IT업체에 제안을 의뢰한 결과, 실현 가능하다고 회답이 와서 장애물은 거의 없다.

실천편

제6장

상대방을 배려한 사내 커뮤니케이션

6-1 다른 부문의 사람에게 의뢰한다 `업무협력의뢰 메일 · 문서`
6-2 후배나 부하를 칭찬해서 의욕을 불어 넣어 준다 `코칭 메일 · 문서`
6-3 감사의 마음을 전달한다 `감사 메일 · 문서`
6-4 업무를 지시한다 `업무지시서`
6-5 같은 목적과 생각이 있는 동료를 만든다 `협업권유 메일 · 문서`
6-6 연습문제 `업무지시서`
6-7 연습문제의 해설과 작성 예시

6장에서는 상대방을 배려한 사내 커뮤니케이션에 필요한 문장을 알아봅니다. 업무협력의뢰 메일 · 문서, 코칭 메일 · 문서, 감사 메일 · 문서, 업무지시서, 협업권유 메일 · 문서에 대한 문장 작성 방법을 설명하고 작성 예시를 소개합니다.

6-1 다른 부문의 사람에게 의뢰한다
– 업무협력의뢰 메일·문서

POINT! 의뢰하는 이유와 혜택을 어필한다.

Before 수정 전

안건: 시스템 설계 협력 의뢰의 건

제2시스템팀 이정숙입니다.
현재 ABC주식회사에 납품할 시스템을 설계하고 있습니다. 그런데 시스템 설계에 어려움을 겪고 있어 일정이 지연될 것 같습니다. ❶

그래서 이 분야에 경험이 많은 정종철 과장님에게 지원을 받고 싶어 연락 드립니다. 함께 검토해 주실 부분은 작년부터 현안 과제였던 'ABC주식회사 시스템 도입'의 건으로 문제 없이 납품하기 위함입니다. ❷

이와 같은 사정을 이해해 주시고 꼭 다음 회의부터 참석 부탁드립니다. 상세한 자료와 방침은 별도로 전달드리겠습니다. ❸

이것을 활용해 봅시다!

비즈니스는 협업이 필요할 때가 많습니다. 다른 사람에게 업무를 부탁하거나 경험, 지식이나 지혜를 빌리거나 주기 위해 협력을 부탁하려면 그에 상응하는 노력이 필요합니다.

부탁하는 방법이 나쁘면 상대방의 기분을 상하게 해 오히려 도움을 받을 수 없게 됩니다. 상대방을 배려하면서 능숙하게 부탁하면 상대방도 기분 좋게 일을 도와주기 때문에 그만큼 업무가 순조롭게 진행될 가능성도 높아집니다.

업무를 부탁하거나 협력을 요청하는 문장에는 다음의 항목을 포함해야 합니다.

업무 협력 의뢰에 필요한 항목
① 협력하고 싶은 이유
② 상대의 마음에 호소하는 단어
③ 협력했을 때의 혜택 또는 협력하지 않았을 때의 불리한 점

 ① 협력하고 싶은 이유

그런데 시스템 설계에 어려움을 겪고 있어 일정이 지연될 것 같습니다.

어려워서 진도가 나가고 있지 않기 때문에 시스템 설계에 협력을 해달라고만 쓰여 있고, 왜 협력을 해야 하는지 알 수가 없어 납득이 가지 않습니다.

② 상대의 마음에 호소하는 단어

> 그래서 이 분야에 경험이 많은 정종철 과장님에게 지원을 받고 싶어 연락드립니다. 함께 검토해 주실 부분은 작년부터 현안 과제였던 'ABC주식회사 시스템 도입'건으로 문제 없이 납품하기 위함입니다.

"왜 내가 아니면 안 되는가", 이 문장은 상대방의 마음에 호소하고 있지 않습니다.

"당신이 꼭 해 주었으면 한다", "이것은 당신 밖에 할 수 없다" 등, 상대방의 마음을 움직일 수 있는 문장을 쓰는 것이 효과적입니다. "그런가, 그렇다면 협력해 볼까"라는 생각이 들도록 작성하면 몇 배의 효과를 볼 수 있습니다.

 ③ 협력했을 때의 혜택 또는 협력하지 않았을 때의 불리한 점

> 이와 같은 사정을 이해해 주시고, 꼭 다음 회의부터 참석 부탁드립니다.

프로젝트에 참여하게 됨으로써 부여되는 혜택이 적혀 있지 않기 때문에 구미가 당기지 않는 문장입니다. 동기부여를 위한 인센티브 등에 관한 내용이 필요합니다. 사람을 움직이기 위해서는 인센티브가 필요합니다.

구체적으로 말하자면 평가나 급여가 오르는 등의 금전적인 보상이나 새롭고 재미있는 일을 할 수 있다, 새로운 경험으로 자신의 능력이 향상된다는 등의 심리적인 보상으로 '사람의 마음을 움직이는' 보수나 대가를 적절하게 제시해야 합니다.

After 수정 후

안건: 시스템 설계 협력 의뢰의 건

제2시스템팀 이정숙입니다.

현재 ABC주식회사를 위한 시스템 설계를 하고 있습니다.
그런데 설계에 어려움을 겪고 있어 일정이 지연될 것 같습니다.

그래서 이 분야에 경험이 많은 정종철 과장님의 지원이 필요하여 연락드립니다.

시스템 총괄이신 조정호 부장님으로부터 제1시스템팀, 제2시스템팀이 함께, 문제를 해결하라는 지시가 있어 전문가를 찾아본 즉, 정밀기계관리 시스템 설계에 가장 많은 경험과 실적을 갖고 있는 정종철 과장님의 협력이 없으면, 설계가 앞으로 나아가기 어렵다고 판단했습니다. ❶ 협력해 주었으면 하는 이유를 쓴다

더욱이 이번에는 초보 엔지니어도 여러 명 설계를 담당하고 있기에, 아직 배움이 필요한 서투른 후배들에게 정종철 과장님의 경험과 설계 내용, 설계한 근거 등을 꼭 들려주셨으면 합니다. 이 분야의 설계는 특별한 지식과 경험이 필요하고, 정종철 과장님 말고는 해결할 수 있는 사람이 없다고 부장님과 과장님으로부터 들었습니다. ❷ 상대의 마음에 호소한다

함께 검토할 수 있다면, 작년부터 현안이었던 ABC주식회사의 시스템 도입이 원활하게 진행될 수 있어, 부장님도 기뻐할 것이라고 생각합니다.
이 안건은 대표님께서도 많은 관심을 갖고 있는 회사의 가장 중요한 안건이기도 합니다. 성공하면 사내에서 좋은 평가를 받을 것입니다. ❸ 혜택을 어필한다

이와 같은 사정을 이해해 주시고 꼭 다음 회의부터 참석 부탁드립니다. 상세한 자료와 방침에 관해서는 별도로 전달드리겠습니다.

 **정리**

① 협력해 주었으면 하는 이유를 쓴다

어려워서 진도가 나가지 않고 있는 시스템 설계에 "부장의 지시가 있었다", "경험이 풍부한 정종철 과장이 아니면 안 된다"라고 하는 이유가 명기되고, "왜 협력을 해야 하는지"가 명확하게 되어 있기 때문에 납득시키는 데 훨씬 수월해집니다.

② 상대의 마음에 호소한다

"이 분야의 설계는 특별한 지식과 경험이 필요하고, 정종철 과장님 말고는 해결할 수 있는 사람이 없다고 부장님과 과장님께서 말씀하고 계신다"와 같이 쓰면 "나밖에 할 수 없으니 어쩔 수가 없네"라는 기분이 들어 협력하게 됩니다.

③ 혜택을 어필한다

"부장의 평가에 영향을 주게 될 것"이라는 인상과 함께 "협력하지 않으면 부장님이 좋게 보지 않을 것이다"라는 불리한 점을 동시에 제시하고 있습니다. 이렇게 혜택과 불리한 점을 기재함으로써 "협력하는 편이 좋겠다"라는 상황으로 유도할 수 있습니다.

6-2 후배나 부하를 칭찬해서 의욕을 불어 넣어 준다 – 코칭 메일 · 문서

POINT! 어디가 좋았는지 구체적으로 행동을 칭찬한다.

Before 수정 전

안건: 며칠 전의 제안 발표의 건

제3영업팀 성연호 과장입니다.

며칠 전의 프레젠테이션은 정말 멋있었습니다. 항상 이렇게 일을 한다면 좋은 결과가 나올 수 있을 것이라고 생각합니다. ❶

능숙한 프레젠테이션은 조성민 주임의 장점이라고 생각합니다. 앞으로도 잘 준비해서 상대의 마음을 사로잡는 프레젠테이션을 부탁합니다. ❷

정말로 좋은 프레젠테이션이었습니다. ❸

이것을 활용해 봅시다!

업무를 원활히 진행하기 위해서는 '칭찬'이 중요합니다. 함께 일하는 동료나 팀원들뿐 아니라 상위관리자나 고객, 거래처 등에도 유효하므로 적극적으로 칭찬을 해 봅시다.

그러나 칭찬이 잘못되면 오히려 역효과가 날 수 있으므로 주의해야 합니다.

칭찬을 잘하는 방법은 왜 좋았는지를 구체적으로 칭찬하는 것입니다. 구체적이지 않은 칭찬은 가령, '우수하다', '항상 노력하고 있네', '잘했어' 등은 그다지 칭찬의 효과를 발휘하지 못합니다.

구체적이지 않은 칭찬을 받으면 처음에는 기쁘겠지만 "언제나 똑같은 말만 하네. 제대로 평가되고 있는 것 맞나?"하며, 오히려 의심을 사기도 합니다.

이와 같이 칭찬하는 문장에는 다음의 내용을 포함해야 합니다.

칭찬할 때 필요한 항목
① 구체적인 칭찬 내용
② 왜 좋았는지, 칭찬하는 이유
③ 기대하는 말

 ① 구체적인 칭찬 내용

> 며칠 전의 프레젠테이션은 정말 멋있었습니다. 항상 이렇게 일을 한다면 좋은 결과가 나올 수 있을 것이라고 생각합니다.

칭찬 내용은 구체적으로 쓰는 것이 효과적인데 예시에서는 "정말 멋있었다"는 것뿐 구체적으로 칭찬하고 있지 않습니다.

이 내용으로는 칭찬받은 사람도 무엇이 멋있었다는 것인지 알 수가 없습니다. "그 행동이 좋았다", "그 설명이 좋았다", "그 질문이 좋았다", "그 프레젠테이션의 그 부분이 좋았다" 등 구체적으로 칭찬을 해 봅시다.

 ② 왜 좋았는지 칭찬하는 이유

> 능숙한 프레젠테이션은 조성민 주임의 장점이라고 생각합니다. 앞으로도 잘 준비해서 상대의 마음을 사로잡는 프레젠테이션을 부탁합니다.

칭찬할 때는 '왜 좋았는지', '어느 부분이 좋았는지'에 해당하는 이유를 전달하는 것이 중요합니다. 그러나 이 문장에는 어떤 점이 좋았는지, 그 이유가 적혀 있지 않습니다.

 ③ 기대하는 말

> 정말로 좋은 프레젠테이션이었습니다.

사람은 누구나 앞으로 기대된다고 하면 기분이 좋아집니다. 그런데 이 문장에는 기대하고 있음을 나타내는 표현은 없습니다.

무엇인가 기대를 한다고 하면 그대로 행동하게 되는 것을 심리학에서는 '피그말리온 효과'라고 합니다. 기대하고 있다고 지속해서 말하면 공부를 하거나 정보를 수집하는 등 상대방의 행동이 바뀔 가능성이 높아집니다.

After 수정 후

안건: 며칠 전의 제안 상담의 건

제3영업팀 성연호 과장입니다.

며칠 전의 프레젠테이션은 정말 멋있었습니다. 설명의 진행 방식, 설득력 있는 문서의 내용이 상당히 우수했습니다. 경청하고 있는 사람들의 표정을 보고 있자니 몰입하고 있는 정도가 전혀 달랐습니다. ― ❶ 칭찬할 내용은 구체적으로 쓴다

그것은 아마도 조성민 주임이 생각한 '상대를 겨냥한 니즈'가 적중했기 때문이라고 생각합니다. ― ❷ 왜 좋았는지 이유를 쓴다

조성민 주임의 논리적인 사고력과 철저하고 세심한 행동에 항상 놀라고 있습니다. 앞으로도 여러 가지 사항을 고려하여 모두에게 자극을 줄 수 있는 프레젠테이션을 기대하고 있습니다. 건투를 빕니다. ― ❸ "기대하고 있다"는 것을 쓴다

정리

① 칭찬할 내용은 구체적으로 쓴다

칭찬할 때는 구체적으로 칭찬하는 것이 효과적입니다. 제3자(고객 등)의 의견을 사용해 칭찬하는 것도 효과적입니다.

② 왜 좋았는지 이유를 쓴다

칭찬한 이유가 전달되면, 칭찬받은 측은 자신이 만든 방안이 제대로 평가받고 있다는 생각이 들어 다음에는 더 좋은 방안을 만들고자 노력을 하게 됩니다.

③ 기대하고 있다는 것을 쓴다

사람은 기대된다고 하면 기분이 좋아지고 자신감이 생겨 기대에 부응하고자 노력합니다. 이것을 피그말리온 효과라고 부릅니다.

6-3 감사의 마음을 전달한다
- 감사 메일 · 문서

POINT! 감사를 표현하고 "또 협력하고 싶다"고 작성한다.

Before 수정 전

안건: 데이터 사이언티스트 소개에 대한 감사의 건

안녕하세요. 넥스트비전시스템의 이영철입니다.

며칠 전, 저희에게 데이터 사이언티스트를 소개해 주셔서 감사합니다. — ❶

저희가 데이터 분석 업무에 대한 경험과 노하우가 부족하여 곤란한 상황에 처해 있었는데 상당히 많은 도움이 되었습니다. ❷

앞으로도 잘 부탁드립니다. — ❸

 이것을 활용해 봅시다!

감사 문장에서 중요한 것은 '또 다시 협력하고 싶다', '또 돕고 싶다'는 생각이 들도록 작성하는 것입니다. "단순하게 감사합니다", "도움이 되었습니다", "앞으로도 잘 부탁드립니다"라는 일반적인 표현만으로는 충분하지 않습니다.

무엇이 도움이 되었고 어떻게 도움이 되었는지를 구체적으로 적어 감사하고 감격하고 있음을 문장으로 표현해야 합니다.

감사 문장에는 다음의 항목을 포함해야 합니다.

> **감사할 때 필요한 항목**
> ① 감사의 마음(정중하게 쓴다)
> ② 도움이 된 내용(구체적으로 쓴다)
> ③ 또 다시 협력하고 싶다고 생각되는 표현

 ① 감사의 마음(정중하게 쓴다)

> 며칠 전, 저희에게 데이터 사이언티스트를 소개해 주셔서 감사합니다.

이러한 표현은 감사하는 마음이 전혀 전달되지 않습니다. 다음에는 소개시켜 주고 싶지 않을 수도 있습니다.

 ② 도움이 된 내용(구체적으로 쓴다)

> 저희가 데이터 분석 업무에 대한 경험과 노하우가 부족하여 곤란한 상황에 처해 있었는데 상당히 많은 도움이 되었습니다.

이 내용만으로 감사하는 마음이 제대로 전달될지 의문입니다. 감사를 전할 때는 거창하면서도 구체적으로 전달하는 것이 좋습니다. 회사에 어떤 노하우가 부족하고 무엇을 필요로 하고 있었는데, 어떤 사항들이 도움이 되었다, 도움이 된 내용이 무엇인지를 구체적으로 작성합니다.

 '다시 협력하고 싶다'고 생각되는 표현

> 앞으로도 잘 부탁드립니다.

감사의 문장은 상대방이 또 '협력하고 싶다'는 생각이 들 수 있는 표현을 사용해야 합니다. 그러나 이 문장은 그렇지 않습니다. 이 문장은 계속해서 협력해 주고 싶은 기분이 전혀 들지 않습니다.

당신의 협력이 있었기에 당사는 새로운 것에 도전할 수 있었고 문제를 해결할 수 있게 되었다는 등, 도움이 된 내용을 명확하게 표현하여 감사의 마음을 전달하는 것이 좋습니다.

After 수정 후

안건: 데이터 사이언티스트 소개에 대한 감사의 건

안녕하세요. 넥스트비전시스템의 이영철입니다.

며칠 전, 저희에게 데이터 사이언티스트 엄지웅씨를 소개해 주셔서 감사 드립니다.

당사는 데이터 분석 업무의 노하우를 갖고 있는 데이터 사이언스 티스트를 육성해 갈 계획이 있어, 육성 계획을 수립하기 위한 사람을 찾고 있던 차에 상당히 많은 도움이 되었습니다. → ❷ 도움이 된 내용을 구체적으로 쓴다

김영길 과장님이 소개해 주신 분은 모두 우수한 분이셔서 항상 많은 도움이 되고 있습니다. → ❸ 또 다시 협력하고 싶다는 생각이 들도록 쓴다

당사도 귀사에 무언가 보답을 해야겠다고 늘 생각하면서도 아무것도 못하고 있습니다만, 이번 임지웅씨와의 제휴 건에 대해서는 좋은 기회를 만들어 회신드리도록 하겠습니다. → ❶ 감사의 마음을 정중하게 쓴다

앞으로도 잘 부탁드립니다.

정리

① 감사의 마음을 정중하게 쓴다
상대에게 전달되도록 감사의 마음을 정중하게 작성합니다.

② 도움이 된 내용을 구체적으로 쓴다
어떻게 도움이 되었는지 구체적으로 작성합니다.

③ '또 협력하고 싶다'는 생각이 들도록 쓴다
'다음에도 협력하고 싶다'는 생각이 들 수 있도록 작성합니다. 상대를 칭찬하는 문장이 효과적입니다.

 **6-4** 업무를 지시한다 – 업무지시서

POINT! '누구에게, 무엇을, 언제까지'를 명확하게 쓴다.

Before 수정 전

안건: 남해상사㈜ 시스템 제안 자료 작성의 건

이상철 대리, 시스템 영업3팀 최창용입니다.

긴급으로, 남해상사㈜ 시스템 제안 자료를 작성해 주세요. – ❶

- 제안할 시스템은 전자 결재 시스템
- 시스템의 주요 포인트는 알기 쉽게 쓸 것. 그림을 많이 넣어 주세요. ❷
- 가능한 빨리 완료해 주세요. 부탁합니다. – ❸

 이것을 활용해 봅시다!

    비즈니스는 혼자서는 업무를 완료하기 어렵고 많은 사람들과의 협업이 전제가 됩니다. 그래서 중요한 업무를 어떻게 지시해야 업무 효율이 오를까, 고민이 필요하겠지요.

    지시는 가능한 한 구체적으로 명확하게 하는 것이 기본입니다. 따라서 업무를 지시하는 문장에는 다음의 항목을 포함해야 합니다.

① 업무의 목적이나 배경

업무를 지시할 때는 목적과 배경을 반드시 써야 합니다. 목적과 배경 등을 명확하게 작성하면 지시를 받는 사람이 업무의 내용을 정확하게 이해할 수 있기 때문입니다. 누가 지시한 업무인지, 어떠한 배경에서 지시되었는지, 무엇을 목표로 하는 것인지 등 업무의 전체 흐름을 파악할 수 있도록 작성합니다.

 ② 구체적인 지시

- 제안할 시스템은 전자 결재 시스템
- 시스템의 주요 포인트는 알기 쉽게 쓸 것. 그림을 많이 넣어 주세요.

지시할 내용은 최대한 구체적으로 작성합니다. 그렇게 하면 지시한 업무에 대한 전체적인 이미지가 애매하거나 헷갈리지 않아 업무 효율을 향상시킬 수 있습니다. 너무 간단하게 지시하면 완성된 산출물이 지시한 업무의 내용과 달라 다시 고쳐야 하는 등 비효율적인 상황이 발생됩니다.

 ③ 완료일과 이후의 절차

- 가능한 빨리 완료해 주세요. 부탁합니다.

완료일과 이후의 절차를 명확하게 씁니다. 완료일을 알 수 없기 때문에 언제까지 끝내야 하는지 알 수가 없어 업무 우선순위에 밀려 제 시간에 업무가 완료되지 않을 가능성이 높아집니다. 그리고 완료 후의 업무 절차가 무엇인지 알 수가 없어 지시 받은 사람은 업무에 대한 전체 그림을 그릴 수 없게 됩니다. 그래서 업무를 지시한 사람이 원하는 결과물을 얻기가 더욱 어렵습니다.

After 수정 후

안건: 남해상사㈜ 시스템 제안 자료 작성의 건

이상철 대리, 시스템 영업3팀 최창용입니다.
남해상사㈜ 시스템 제안 자료를 아래의 내용을 고려하여 긴급으로 작성해 주시기 바랍니다.

1. 목적

부장님께서 "예산을 달성하기 위해 남해상사㈜에 시스템을 어떻게든 납입해야 한다"고 얘기하시면서 제안서 작성을 지시하였습니다. (고객사 방문 회의록을 첨부합니다. 참조해 주세요) ── ❶ 업무의 목적과 배경을 명확하게 쓴다

2. 작성의 방향성

강원상사㈜에 제안했던 내용을 바탕으로 작성해 주세요.
동일한 업종으로 유사하기 때문에 강원상사㈜에 제간한 내용에서 상품 부분만 변경해서 가지고 가려고 합니다. ── ❷ 구체적인 지시 내용을 쓴다

- 제안할 시스템은 전자 결재 시스템
- 시스템의 주요 포인트는 이해하기 쉽게 쓰고 그림을 많이 넣어 주세요.

3. 완료일과 이후의 절차

- 내일 10:00까지 완료해 주시기 바랍니다. 그후에 제가 확인하겠습니다.
- 확인하면서 나온 수정사항을 바로 반영하여 14:00에 저와 김영길 대리, 부장님과 함께 고객사에 가도록 하겠습니다. 제가 설명할 예정이므로 김영길 대리는 회의록을 작성해 주시기 바랍니다. ── ❸ 완료일과 이후의 업무 절차를 쓴다

 정리

① 업무의 목적과 배경을 명확하게 쓴다

업무의 목적과 배경을 작성해 놓으면 지시를 받는 사람이 업무의 내용을 정확하게 이해할 수 있습니다. 관련성이 있는 과거 자료 등도 참조하여 충분히 이해가 되도록 해야 합니다.

② 구체적인 지시 내용을 쓴다

지시할 내용은 최대한 구체적으로 씁니다.

③ 완료일과 이후의 업무 절차를 쓴다

완료 일시와 이후 예정된 업무를 작성해 두면 지시를 받는 사람은 이후 업무 절차에 대해 자신의 역할을 명확하게 이해할 수 있습니다.

6-5 같은 목적과 생각이 있는 동료를 만든다 – 협업권유 메일·문서

POINT! 목적과 자신의 생각을 전달하고 함께 하면 주어지는 혜택을 공유한다.

Before 수정 전

안건: 함께 DX를 공부해 보시지 않겠습니까?

DX추진실 채현석입니다.

최근 인기 있는 디지털 트랜스포메이션(DX)에 대한 스터디 그룹을 만들고자 합니다.

좀더 구체적으로 설명하면 초급 및 중견 사원을 모아 비즈니스 스킬과 DX를 주제로 스터디를 진행할 예정입니다. ❶

스터디 그룹은 매월 1회 사내 강사를 불러서 강의를 듣고 강의가 끝나면 토론을 진행합니다. 동호회처럼 진행하려고 합니다. ❷

취지에 동의하시거나 관심이 많은 분의 참가를 기다리고 있습니다. ❸

이것을 활용해 봅시다!

업무는 도움을 받을 수 있는 동료가 많을수록 성공 가능성이 높아집니다. 사내 유관 부서에 동료가 많으면 사내 유관부서의 정보도 공유받을 수 있고 새로운 기획을 사내에 통과시킬 때도 동료와 잘 협의해서 각 부서의 상사를 설득해 달라고 얘기할 수도 있습니다.

동료를 만들기 위해서는 자신의 생각을 자주 공유해야 합니다.

유효한 방법 중의 하나가 사내의 과제를 해결하기 위해 스터디 그룹 등을 만드는 것입니다. 함께 공부하고 토론하는 과정에서 동료 의식이 강해지고 사내의 강한 인맥이 형성됩니다. 그러나 예상보다 많은 시간을 할애해야 하는 등 너무 부담감이 커지게 되면 잘 진행되지 않을 수 있기 때문에 어느 정도의 부담이 되는 활동인지를 사전에 공유해야 합니다.

이와 같이 동료를 만들기 위한 문장에는 다음의 항목을 포함해야 합니다.

> **동료를 만들기 위한 문장에 필요한 항목**
> ① 무엇을 하고 싶은가(목적 · 취지)
> ② 동료에게 부여되는 혜택
> ③ 부담 정도

 ① 무엇을 하고 싶은가에 관한 목적 · 취지

> 좀더 구체적으로 설명하면 초급 및 중견 사원을 모아 비즈니스 스킬과 DX를 주제로 스터디를 진행할 예정입니다.

무슨 목적으로, 어떠한 취지에서 스터디 그룹을 만드는지가 쓰여 있지 않기 때문에 참여를 해야 할지 판단하기가 어렵습니다.

'회사의 미래를 위해 스터디 그룹을 만들자' 등과 같이 목적과 취지를 명확하게 전달합시다.

 ② 동료에게 부여되는 혜택

> 스터디 그룹은 매월 1회 사내 강사를 불러서 강의를 듣고 강의가 끝나면 토론을 진행합니다. 동호회처럼 진행하려고 합니다.

스터디 그룹에 참여함으로써 무엇을 얻을 수 있는지, 장점이 무엇인지를 알려 주는 것이 효과가 있습니다.

'지식이 쌓인다', '인맥이 증가한다', '사내에서 좋은 평가를 받을 수 있다' 등을 작성해 두면 관심도나 참여율을 훨씬 높일 수 있습니다.

 ③ 부담 정도

> 취지에 동의하시거나 관심이 많은 분의 참가를 기다리고 있습니다.

부담이 어느 정도되는 활동인지, 매번 준비가 필요한지, 보고서 제출 등이 있는지, 이러한 것들을 작성해 두지 않으면 참여를 하고 싶어도 주저하게 됩니다.

After 수정 후

안건: 함께 DX를 공부해 보지 않겠습니까?

DX추진실 채현석입니다.

최근 전 세계에서는 디지털 기술을 비즈니스에 적용하여 경쟁을 유도하는 디지털 트랜스포메이션(DX)의 움직임이 가속화되고 있습니다.

당사도 지금까지의 지식과 기술만으로는 살아남기 어려울 듯 하여 문제 의식을 갖고 대처해야 하지 않을까 생각합니다.

그래서 초급 및 중견 사원을 모아 비즈니스 스킬과 DX를 주제로 한 스터디 그룹을 만들어 여러분과 함께 당사의 미래를 이끌어 가고 싶습니다.

스터디 그룹은 매월 1회 사내 강사를 불러서 강의를 듣고 강의 후 토론을 진행합니다. 동호회처럼 진행해도 좋다고 생각합니다.

❶ 무엇을 하고 싶은지 목적과 생각을 쓴다

저는 컨설팅 회사에 파견 나간 경험도 있고 사외에 많은 지인과 친구가 있어 그 방면의 강사를 구할 수 있기 때문에, 여러분에게도 소개해드리고 싶습니다.

사외의 인력을 통해 사외에서 본 당사의 모습과 사외의 인력은 어떻게 연구하고 일을 하고 있는지를 알게 된다면 자극도 되고 재미있을 것이라고 생각합니다.

❷ 동료가 되면 어떠한 혜택이 있는지를 쓴다

1회에 40분 정도, 업무 시간에 실시하는 등, 참가자의 부담은 최대한 없애려고 합니다. 부담 없이 참가해 주시기 바랍니다.

❸ 부담 정도를 쓴다

취지에 동의하시거나 관심이 많은 분의 참가를 기다리고 있습니다.

 **정리**

① 무엇을 하고 싶은지 목적과 생각을 쓴다

동료로 만들기 위해서는 목적이나 취지, 자신의 생각을 명확하게 전달해야 합니다. 목적이나 취지가 애매모호하고 확고한 사상이 없는 사람의 동료가 되고 싶은 사람은 없습니다.

② 동료가 되면 어떠한 혜택이 있는지를 쓴다

"인맥이 있기 때문에 소개해 줄 수 있다", "새로운 지식을 얻을 수 있다" 등, 함께 하게 되면 받을 수 있는 혜택을 명확하게 씁니다.

③ 부담 정도를 쓴다

동료가 되고 싶어도 부담이 크면 포기하게 됩니다. 그래서 어느 정도 부담이 될지를 작성해 두는 것이 좋겠지요?

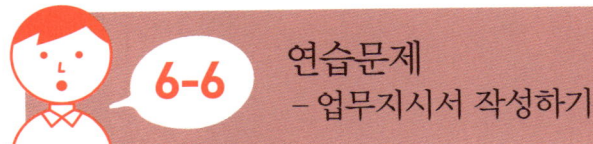

6-6 연습문제 – 업무지시서 작성하기

POINT! 아래 전제사항을 바탕으로 업무지시서를 써 봅시다.

전제 사항

- 업무지시를 하는 사람: 김동철(시스템 기획 = 시스템 개발회사 영업과장)
- 업무지시를 받는 사람: 최상호(시스템 기획 영업과 담당자)
- 업무지시 내용: 스마일은행 인터넷뱅크 시스템에서 사용할 고객용 모바일폰 애플리케이션 제안서 작성
- 조건: A4 사이즈 1장 정도의 분량으로 제한
- 업무지시서 내용: 아래의 내용을 취사 선택해서 정리한다.

업무 지시서에 필요한 정보

- 김동철 과장이 정보를 수집하기 위해 스마일 은행에 정기 방문을 했는데 스마일 은행의 영업 기획부의 한상호 부장으로부터 '인터넷 뱅크에서 사용할 모바일폰 애플리케이션' 개발에 대한 제안서 작성을 의뢰받았다(방문 회의록에 상세 내용을 기재함).
- 제안서는 과거 행복 은행에 제안한 것을 바탕으로 한다. 단, 아래 사항은 다름.

〈차이점〉

① 사용자의 개인정보 입력 기능(면허증 사진을 모바일에 자동 입력하게 한다)을 제안한다. 이것은 과거 사랑 은행에 제안한 것과 동일한 패턴이다.
② 사용자의 이용 포인트를 축적하는 기능(포인트를 모아 전자상거래가 가능한 머니로 변환할 수 있다)을 넣어 제안한다. 이것은 과거 기쁨 은행에 제안한 것과 동일한 패턴이다.
③ 상기 2가지 기능에 대한 평판을 비교하여 추가한다. 사용자의 설문조사 결과와 2개 은행 담당자의 인터뷰 결과를 그래프로 작성하여 평가가 좋다는 것을 어필한다.

- 다음 주 월요일 10:00까지 제안서를 완성한다. 그후, 김동철 과장과 함께 확인한다. 만약 수정사항이 발생하면 그 자리에서 바로 반영한다. 수요일 14:00까지 최상호 대리와 김동철 과장이 한상호 부장에게 제안 발표를 한다.
- 김동철 과장이 설명하고 최상호 대리가 회의 중에 나온 내용을 메모한다. 제안서는 최상호 대리가 사내 관계자에게 사전에 메일로 송부한다.

6-7 연습문제의 해설과 작성 예시

해설

업무지시서에는 업무의 목적·취지, 정책, 방향성, 완료일, 이후의 절차 등을 씁니다. 특히 목적·취지와 정책, 방향성은 확실하게 써야 합니다. 지시한 업무의 목적·취지, 정책, 방향성이 애매모호하면 업무를 지시한 사람이 생각한 대로 결과가 나오지 않고, 재작업이 발생하며 시간도 많이 소요됩니다.

위에서 제시한 정보에서 도출하여 작성해 봅시다.

 ① 업무 지시의 배경과 목적

업무의 목적과 취지, 누가 시킨 일인지, 왜 해야 하는지 등의 배경을 작성합니다.

 ② 업무의 방침과 방향성

어떤 일을 해 주었으면 하는지를 씁니다. 과거에 비슷한 업무의 성과가 있으면 그것을 제시하고 유사하게 해 달라는 등과 같이 쓰면 업무 지시를 받는 사람은 쉽게 업무에 접근할 수 있습니다.

③ 완성일과 그 이후의 업무 절차

완성일과 이후의 업무 절차를 씁니다. 업무의 진행 방식을 알게 되면 업무를 지시 받은 사람은 계획적으로 업무를 진행할 수 있어 안심할 수 있기 때문입니다.

작성 예시

업무지시서

안건: 스마일 은행의 모바일 애플리케이션 제안서 작성의 건

김동철입니다. 아래 내용을 고려하여 스마일 은행의 시스템 제안서를 작성해 주시기 바랍니다.

1. 제안의 배경 및 목적
스마일 은행에 정보를 수집하기 위해 정기 방문을 한 결과, 영업기획부의 한상호 부장으로부터 '인터넷 뱅크에서 사용할 모바일 애플리케이션' 개발에 대해 제안 의뢰를 받음 (상세는 방문 회의록 참조할 것)

2. 제안서 작성의 방향성
과거에 행복 은행에 제안한 것을 바탕으로 작성하되 아래 내용은 변경해 줄 것

① 사용자의 개인정보 입력 기능(모바일폰에 면허증 사진을 자동으로 입력되게 함)
　⇒ 미소 은행에 제안한 것과 동일한 패턴
② 사용자 이용 포인트를 축적하는 기능(포인트를 모아 전자상거래가 가능한 머니로 변환할 수 있음)
　⇒ 기쁨 은행에 제안한 것과 동일한 패턴
③ 상기 2가지 기능의 평판을 작성
　⇒ 고객 설문조사 결과와 2개 은행 담당자의 인터뷰 결과를 그래프로 작성해 평판이 좋다는 것을 어필할 것

3. 완성일과 이후 업무 절차
- 다음 주 월요일 10:00까지 제안서를 완성한 후 김동철 과장과 함께 확인한다.
- 만약 수정사항이 발생하면 그 자리에서 바로 반영한다.
- 확인 및 반영이 완료되면 수요일 14:00까지 최상호 대리와 김동철 과장이 한상호 부장에게 제안하도록 한다.
- 김동철 과장이 설명을 하고, 최상호 대리가 회의 중에 나온 내용을 메모한다.
- 제안서는 사전에 사내 관계자에게 메일로 송부한다.

맺음말

비즈니스 스킬을 가르치는 교육 컨설턴트로서 비즈니스 문장에 관한 교육을 시작한 것은 2000년 무렵이었습니다. 기업의 IT부서에서 시스템 기획 및 프로젝트 관리 실무를 수행하면서 당시 보급되기 시작한 인터넷을 통해 IT엔지니어를 위한 국가 시험을 대비한 논술 대책 사이트를 개설, 웹 상에서 온라인 첨삭 및 논술 작성 방법에 대한 콘텐츠를 보급했습니다.

그 후에는 통신 강좌를 통해 논술 자료를 첨삭하기도 하고, 비즈니스 문장 작성 방법에 관해 기사를 연재하거나 서적을 집필하기도 했습니다. 게다가 강의 및 세미나를 계속 해 오면서 지금까지 20년 동안 엔지니어의 '비즈니스 문장 기술'을 유심히 지켜봤습니다.

지난 20년 동안 엔지니어의 비즈니스 보고서 작성 기술은 얼마나 변했다고 생각하십니까?

물론 문장을 쓰기 위한 툴은 많이 바뀌었습니다. 대부분 워드 프로세서로 작성해 종이로 인쇄하여 배포하는 형태였는데 이메일로 바뀌었고, 지금은 슬랙과 같은 채팅형 메시지 교환 툴로 바뀌고 있습니다. 엔지니어가 사용하는 문장 작성 툴의 환경은 많이 편리해졌다고 생각합니다. 그러나 문장의 내용 자체는 어떨까요?

사실 제가 느낀 것은 문장의 내용 자체는 20년 전과 크게 다르지 않습니다. 문장력이 낮은 엔지니어들을 제법 많이 볼 수 있다는 점입니다. "자신 밖에 모르는 단어를 사용한다", "문장이 길고 의미를 이해하기가 어렵다", "결론이 없다", "내용이 추상적이고 구체적인 사항을 모르겠다", "문장의 전후

말하는 논리가 다르다", "주장을 하고는 있지만 근거가 없다", "독선"……
이러한 사례는 열거할 수가 없을 정도입니다.

   이러면 안 되겠다 싶어, 기회가 생길 때마다 엔지니어에게 문장 작성 방법을 지도하고 있습니다. 최근에도 제가 소속한 회사의 팀원들을 끊임없이 훈련을 시키고 있습니다. 그들이 처음에 작성한 문장은 첨삭과 조언으로 빨간색 펜으로 가득하지만 그런 일을 1년 넘게 겪다 보니 어느새 요령이 생겨 '좋은 문장'을 작성하고 있는 팀원이 되었습니다.

   결국, 사람의 능력을 향상시키는 것은 끊임 없는 훈련이라고 말할 수 있겠지요!

   '비즈니스 문장을 진지하게 마주하고, 좋은 문장이란 무엇인가를 생각하면서 써 본다. 그리고 나서 그 문장을 다른 사람에게 보여주고 의견을 받은 후, 수정한다.'

   이렇게 반복하는 것입니다.

   여러분이 자신과의 싸움에서 이길 수 있도록 길잡이가 되었으면 하는 바람으로, 20년에 걸친 비즈니스 문장의 연구와 실무에서 습득한 경험을 토대로 해 좋은 문장을 쓰는 비결을 담았습니다.

   이 책을 읽어 주신 모든 분에게 문장을 잘 쓰기 위해 끊임없이 훈련을 계속할 것을 꼭 부탁드립니다. 매일 5분이라도 좋으니 이 책을 반복하여 읽으면서 예시를 살펴 보고, 연습문제를 직접 풀어보시기 바랍니다. 그렇게 꾸준히 노력하다 보면 조금씩 성과가 나올 것입니다.

아시야 코타

찾아보기

(수치) 근거　27
7가지 기술　36

R

RFP　174

ㄱ

각주　79
감사 메일·문서　225
감정에 호소하는 문장　102
감정에 호소해서 쓰기　39
거절하는 이유　169
결함 보고　119
계층　70
괄호　79
구체적인 예시　79
기결사항　137
기호화　96
기획제안서　28

ㄴ

남아 있는 과제　165
납득할 수 있게　54
납득할 수 있게 쓰기　37
논리적인 문장 구조　55
논점을 명확하게　48
논점을 명확하게 쓰기　37
능동 표현　98
능 요건　176

ㄷ

단문　94
대명사　98
대비 효과　109
대 항목　70

ㅁ

명사　98
무의미한 정보　88
문장　69
문장의 그룹화　68

찾아보기　**245**

문장의 성격　67
문장 표현력의 기초　36
미결사항　138

수동 표현　98
슬랙 등의 채팅 스타일　203
신규 비즈니스 기획　197
신규 비즈니스 기획서　209
실증 실험　189

ㅂ

별첨　71
불명확한 정보　88, 89
브레인스토밍　204
비기능 요건　176

ㅇ

아이디어 도출　162
액션 플랜　90
업무 개선 기획　187
업무지시서　229
업무협력의뢰 메일·문서　216
역 피라미드형　57
요건　155
요구사항　155
용어 정의　78
의뢰 거절 메일·문서　169
이슈보고서 작성하기　141
이유　27
이해하기 쉽게　75
이해하기 쉽게 쓰기　38
인터뷰 의뢰　148
일관성　27

ㅅ

사실과 의견　61
상대방을 이해시키려는 배려　21
상대방의 관심과 일치하지 않는다　23
생략 없이 정확하게　83
생략 없이 정확하게 쓰기　38
생략하지 않는 습관　85
선택 효과　107
설득　25
설득 메일·문서　192
소 항목　70
수동적인 표현　61

ㅈ

전문용어 77
정보 공유 협조 요청 182
정보 수집 183
제삼자에게 검토(리뷰)를 요청한다 86
제안의뢰서 174
조사 결과 보고 114
좋은 문장 20
주체 87
중 항목 70
지식의 차이 23
지연 규모 125
지연 대책 125
지연 원인 125
진척 보고 124

ㅊ

체언 98
체크리스트를 사용한다 86
추상적인 표현 89

ㅋ

코칭 메일·문서 221

ㅍ

피라미드형 57

ㅎ

한눈에 파악되게 66
한눈에 파악되게 쓰기 37
협업권유 메일·문서 233
회의 개최 통지 129
회의록 135